콩나물쌤의 문해력 꽉 잡는

한자어 수업

1
세상

그린애플

콩나물쌤의 문해력 꽉 잡는
한자어 수업 1(세상)

초판 1쇄 발행 2022년 11월 11일
초판 7쇄 발행 2024년 2월 14일

지은이 전병규
감수 김아미
펴낸이 이범상
펴낸곳 (주)비전비엔피 · 그린애플

기획 편집 차재호 김승희 김혜경 한윤지 박성아 신은정
디자인 김혜림 최원영 이민선
마케팅 이성호 이병준 문세희
전자책 김성화 김희정 안상희 김낙기
관리 이다정

주소 우) 04034 서울특별시 마포구 잔다리로7길 12 (서교동)
전화 02) 338-2411 | **팩스** 02) 338-2413
홈페이지 www.visionbp.co.kr
인스타그램 https://www.instagram.com/greenapple_vision
포스트 post.naver.com/visioncorea
이메일 gapple@visionbp.co.kr

등록번호 제2021-000029호

ISBN 979-11-92527-11-6 64700
　　　　 979-11-92527-12-3 (세트)

저는 여러분의
문해력과 사고력이 콩나물처럼
쑥쑥 자라도록 도와주는 콩나물쌤이에요!

 콩나물쌤을 예쁘게
색칠해 보세요!

추천사

우리말에는 한자어가 많고, 교과서 속 어려운 개념어도 대부분 한자어입니다. 그렇기 때문에 문해력을 높이기 위해서는 한자를 아는 것이 매우 중요합니다. 한자 지식이 있으면 낱말의 뜻을 정확히 이해할 수 있고 학업에도 큰 도움이 됩니다. 그런데 한자 공부는 아이들에게 어렵고 외워야 하는 게 많아 부담스럽습니다. 이 책은 암기의 부담 없이 한자어를 익히면서 추론력, 어휘력, 탐구력까지 덤으로 키우는 구체적인 방법을 담고 있습니다. 문장 표현을 통해 자연스럽게 한자의 뜻을 짐작하고, 실제로 사용하면서 쉽고 재미있게 한자를 익히도록 구성되어 있습니다. 이 책을 통해 꾸준히 한자어를 익히면 모르는 단어를 만나더라도 그 의미를 유추하는 힘을 키울 수 있을 것입니다. 한자 교육의 필요성을 알지만 어떻게 이끌어 줘야 할지 막막한 부모라면 아이에게 이 책을 주세요. 문해력 전문가 전병규 선생님이 알려 주는 노하우를 따라가다 보면 확실히 문해력을 키울 수 있을 것입니다.

오뚝이샘 윤지영(초등학교 교사,《엄마의 말 연습》 저자)

저는 어린 시절 다져 놓은 어휘력의 덕을 많이 본 학생이었습니다. 어릴 때 아버지께서 신문 읽기와 한자 공부를 강조하셨던 덕분인데요. 한자를 모두 외워 쓰지는 못했지만, 단어를 보고 이게 어떤 한자어로 조합된 단어인지, 단어의 정확한 의미가 무엇인지 쉽게 파악하고 추론할 수 있었습니다. 이는 국어, 사회 등을 비롯해 모든 과목의 학습에 커다란 무기가 되었습니다. 아직도 한자 공부는 한자 자체를 외워 쓰는 것이라 생각하는 사람이 많은데 이제는 인터넷과 사전이 발달되어 있기에 굳이 아이들이 한자를 모두 외워서 쓸 필요가 없습니다. 그보다는 한자어를 보고 그 의미를 파악하는 역량이 중요합니다. 그 역량은 아이들이 책을 읽을 때도, 학습할 때도 아주 큰 힘이 되어 줄 것입니다. 그런 점에서 이 책은 아이들이 한자어 학습을 쉽게, 동시에 '본질적인' 목적에 맞게 해나갈 수 있도록 도와주고 있습니다. 더불어 그 누구보다 아이들의 문해력과 어휘력 향상에 진심인 콩나물쌤과 함께 우리 학생들이 학습의 본질에 한 걸음 더 다가설 수 있길 바랍니다.

조승우(스몰빅클래스 대표)

영어를 가르치는 사람이지만 대학 때 국어교육도 같이 전공했습니다. 당시 한국 사람이기 때문에 국어가 더 쉬울 거라는 생각이 있었는데, 그것이 얼마나 편협한 생각인지 깨닫는 데는 한 달도 걸리지 않았습니다. 우리말 속의 한 자어를 잘 몰랐기에, 열심히 글을 읽고도 내용이 이해가 되지 않아 많은 시간을 고생했기 때문입니다. 만약 내가 초 등학교, 중학교 때 한자어로 된 어휘를 틈틈이 익혀 왔다면 그 힘든 시간을 좀 더 효율적으로 보내지 않았을까 하고 생각한 적도 있었습니다. 한국에서 살아가는 우리에게 한자어는 비단 공부와 관련된 것만은 아닙니다. 생활 속 어 휘의 60% 이상은 한자어로 이루어져 있기에 결국 한자 문해력을 키우는 것은 생활의 질을 향상시키는 것이 됩니 다. 똑같은 1시간을 공부하고 일해도 남들보다 3~4배 효율을 얻을 수 있다면 어떨까요? 이 책을 통해 매일매일 한 자어의 의미를 추론해 보고, 글쓰기나 말할 때 한자어를 활용해 보면서, 자신의 삶을 더욱 풍성하게 만들어 보길 바 랍니다.

혼공쌤 허준석(유튜브 혼공TV 운영자)

문해력을 키우는 힘

현대는 정보화 사회입니다. 세상에 존재하는 모든 것이 정보가 되며 세상 모든 곳에 정보가 있지요. 우리는 아침에 눈을 뜨는 순간부터 밤에 잠이 들 때까지 숱한 정보를 접하게 됩니다. 활용할 수 있는 정보가 이토록 넘치지만 모두가 정보를 잘 활용하는 것은 아닙니다. 정보를 읽고 이해해 나에게 필요하고 유용한가를 가려내려면 문해력이 있어야 합니다. 문해력이 부족하면 정보화 사회에 살면서도 정보를 제대로 사용할 수 없습니다. 결국 현대 사회에서 성공적으로 살아가기 힘들어요. 문해력은 21세기를 살아가는 우리 아이들이 반드시 갖추어야 할 능력입니다.

문해력은 성인이 되었을 때나 필요한 능력이 아닙니다. 문해력은 글을 읽고 이해하는 능력인 만큼 학생들에게 중요하고, 문해력에 따라 성적도 달라질 수 있습니다. 문해력은 이해력입니다. 문해력이 높은 아이들은 무엇이든지 잘 배우는 반면 낮은 아이들은 새로운 것을 잘 배우지 못합니다. 똑같은 내용을 똑같은 시간에 똑같은 선생님에게 똑같은 방법으로 배워도 아이마다 배움의 차이가 나는 이유이지요. 문해력은 공부의 도구 같은 겁니다. 날이 무뎌진 도끼로 나무를 벨 수 없듯 무딘 문해력으로는 공부를 잘 해낼 수 없습니다. 그러니 아이의 공부가 신경 쓰인다면 문해력부터 높여야 합니다.

문해력에 가장 큰 영향을 미치는 것은 어휘력입니다. 글은 어휘와 어휘가 연결되어 이루어지기 때문이에요. 모르는 어휘의 개수가 늘어나면 늘어날수록 글을 이해하기가 어렵습니다. 반대로 어휘를 많이 안다면 매우 유리하지요. 다행히 어휘의 중요성은 알지만 안타깝게도

올바른 어휘 학습법은 잘 모르는 경우가 많습니다. 대부분의 어른들이 잘못된 어휘 학습법을 아이에게 가르치고 있어요. 심지어 교육 전문가라고 이름난 분들 중에서도 잘못된 어휘 학습법을 소개하는 경우가 있어요. 그만큼 어휘를 학습하는 올바른 방법에 대한 이해가 부족한 것이 현실입니다.

흔히 쓰는 잘못된 어휘 학습법은 바로 어휘를 사전에 나온 정의대로 외우는 겁니다. 예를 들어 '협약'이라는 단어를 '협상에 의하여 조약을 맺음'이라고 사전에 나온 정의 그대로 외우는 식입니다. 이처럼 정의를 암기하면 어휘에 대한 이해가 전혀 생기지 않습니다. 어휘를 암기해서는 문해력이 늘지 않는 거예요. 어휘의 의미를 제대로 이해한 후 사용해야 진짜 어휘력과 문해력이 늘어납니다. 어휘의 의미를 제대로 이해하려면 먼저 한자를 알아야 해요. 우리말 어휘 중 무려 60%가 한자어이기 때문입니다. 이는 한자를 알면 전체 단어의 3분의 2가량을 쉽게 이해할 수 있다는 뜻입니다. 문해력에서 중요한 어휘의 3분의 2를 한자를 통해 학습할 수 있으니 한자어 학습은 문해력을 높이는 핵심이라고 해도 과언이 아니에요.

이 책은 문해력 전문가인 제가 저희 집 아이들을 가르치기 위해 정리한 내용으로 만들었습니다. 기존의 한자어 교재를 사용하려니 아쉬운 점이 있었기 때문입니다. 시중에 나와 있는 한자 교재는 크게 두 유형으로 나뉩니다. 한자에 초점이 맞춰진 경우와 어휘에 초점이 맞춰진 경우예요. 첫 번째 유형의 경우, 한자 자격증 취득에는 도움이 되겠지만 문해력 발달을 기대하기에는 무리가 있었습니다. 두 번째 유형의 경우 어휘 학습에 초점을 맞추고는 있지만 어휘의 실제적 학습과 사용을 위해 꼭 필요한 요소들이 빠져 있었습니다. 어휘력 발달에 나름 효과가 있겠지만 최고의 효과를 내기에는 아쉬워 보였어요.

그래서 이 책을 쓰게 되었습니다. 이 책은 기존 한자어 교재의 두 가지 문제점을 보완했습니다. 우선 한자 자체보다 어휘력에 초점을 맞추었습니다. 한자를 익히는 것이 아닌 문해력을 키우는 것이 목적이니까요. 또 어휘를 깊고 제대로 이해할 수 있도록 최신 어휘 교육 이론을 따랐습니다. 여기에 초등학교에서 20년간 아이들을 가르치며 이론을 실제로 적용해 본 경험을 고스란히 녹였습니다. 이 책이 어떤 점에서 특별한지, 실제로 어떻게 사용해야 하는지는 바로 다음 내용에 자세히 담았습니다. 교육적 효과를 극대화하기 위해서는 어휘 학습의 원리와 이 책의 활용법을 이해하는 것이 정말 중요합니다. 그러니 다음 내용도 꼭 정독해 주세요.

이 책의 시리즈를 꾸준히 학습하면 다음과 같은 효과를 볼 수 있어요.

✔ 다양한 어휘를 알게 됩니다.
✔ 단어의 뜻을 깊이 이해하게 됩니다.
✔ 모르는 단어의 뜻을 스스로 유추하게 됩니다.
✔ 실제 문장에서 단어를 사용할 수 있게 됩니다.

이 책의 시리즈를 공부하고 나면 어휘를 학습하는 힘이 길러집니다. 이는 단순히 어휘를 몇 개 배우는 것보다 훨씬 중요한 일입니다. 앞으로 수업, 책, TV, 유튜브에서 새로운 단어를 만날 때마다 쉽게 익힐 수 있게 되니까요. 어휘를 습득할 수 있는 힘을 갖추고 나면 수업도 독서도 훨씬 쉬워지고 재미있어질 겁니다. 들으면 이해가 되니까 성적도 자연스럽게 오를 거고요. 《콩나물쌤의 문해력 꽉 잡는 한자어 수업》 시리즈를 통해 여러분 자녀의 문해력을 쑥쑥 키워 주시기 바랍니다.

★《콩나물쌤의 문해력 꽉 잡는 한자어 수업》은 책마다 주제가 달라요.

1권의 주제는 '세상'입니다. 1권에서는 세상과 관련된 한자가 나옵니다. 일, 이, 삼과 같은 숫자, 월, 화, 수와 같은 요일, 청, 적, 황과 같은 색 등이 있지요. 그리고 이 한자에서 파생되어 나온 한자어를 배우게 됩니다. 1권을 공부하고 나면 세상과 관련된 많은 한자와 한자어를 익힐 수 있을 겁니다.

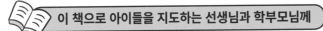

어휘력을 키우는
어휘 학습 원리와 이 책의 활용법

콩나물쌤의 강의를 먼저 듣고 공부를 시작하면 이해가 쏙쏙!

QR 코드를 스캔하면 강의 영상을 볼 수 있어요.

어휘력을 높이기 위해서는 먼저 어떻게 어휘를 학습하느냐가 중요합니다. 잘못된 방법으로 학습하면 힘만 들 뿐 실력은 크게 늘지 않습니다. 지금부터 효과를 극대화할 수 있는 올바른 한자어 학습 방법을 알려드릴게요. 그리고 이것이 이 책의 구성과 어떻게 연결되어 있는지도 소개하겠습니다. 이 부분을 잘 읽고 학습할 때 적용해 보세요.

🖍 어휘 학습 원리 1단계: 어휘를 짐작해 보세요!

새로운 어휘를 처음 만나면 우선 그 뜻을 짐작해 보는 것이 중요해요. 성인은 평균 약 2~3만 개의 어휘를 아는데 이 중 학습을 통해서 알게 되는 어휘는 20% 내외라고 합니다. 대부분의 어휘가 생활 속에서 우연히 알게 돼요. 대화를 하다가 방송을 보다가 책을 읽다가 알게 되지요. 그런데 이럴 때마다 사전을 찾을 수는 없겠지요. 귀찮기도 하고 대화의 흐름이 끊기기 때문이에요. 그래서 모르는 단어를 만나면 먼저 추측을 해야 해요. 무슨 뜻인지 짐작해 보는 겁니다. 그렇게 해야 흐름을 깨지 않고 계속해서 새로운 단어를 배울 수 있습니다. 이 원리에 따라서 다음처럼 첫 번째 페이지를 학습하세요.

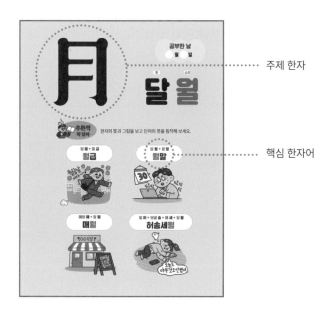

주제 한자

핵심 한자어

첫 페이지에는 우선 주제 한자가 제시됩니다. 오늘은 달 월(月)을 배울 차례군요. 달 월을 세 번 정도 소리 내어 읽어 보세요. 한자는 써 보아도 좋지만 쓰지 않아도 무방합니다. 한자를 배우려는 게 아니니까요. 그 아래 달 월을 사용한 한자어 4개가 나옵니다. 이곳을 학습할 때가 정말 중요합니다. 많은 아이들이 대충 읽고 빨리 넘어가려 할 텐데 그래서는 곤란합니다. 여기서는 한자어를 이루는 한자의 뜻에 주목해야 합니다. '월말'을 볼까요? 월말은 '달 월 + 끝 말'로 이루어져 있어요. 이것을 보고 월말이 무슨 뜻일지 짐작해 봅니다. '한 달의 끝' 정도로 짐작할 수 있겠지요.

짐작이 맞고 틀리는 건 크게 중요하지 않아요. 짐작하면서 뜻을 생각해 보는 경험이 중요해요. 이 책 한 권에는 30개의 주제 한자와 120개의 핵심 한자어가 나와요. 이 120개의 핵심 한자어의 뜻을 짐작하다 보면 아이는 많은 것을 얻게 됩니다. 우선 한자어를 더 잘 이해하게 되지요 '월말'의 정의를 그냥 읽었을 때보다 뜻을 짐작해 본 후 읽으면 더 깊게 이해하게 됩니다. 뜻을 짐작하다 보면 달 월뿐 아니라 끝 말도 익히게 되지요. 마지막으로 단어의 뜻을 유추하는 힘이 커져요. 사실 이것이 가장 중요합니다. 이 책에서 120개, 이 책의 시리즈를 통해 수백 개의 한자어 뜻을 꾸준히 짐작해 보세요. 한자어가 구성되는 원리와 뜻을 짐작하는 방법을 익히게 됩니다. 그러면 앞으로 만나게 될 수천, 수만 개의 새로운 어휘를 학습하는 데 큰 힘이 될 거예요.

어휘에는 숨겨진 면이 많아서 정의만 봐서는 제대로 이해할 수 없습니다. 홀로 있는 단어의 정의만 따로 외워서는 배워도 배운 게 아닙니다. 문장과 떨어져 혼자 있는 단어는 생명력이 없어요. 단어는 반드시 문장 속에서 익혀야 해요. 다시 말해 어휘가 사용된 표현을 자세히 살펴봐야 한다는 뜻입니다. 문장 속에 자연스럽게 녹아든 어휘를 보면서 실제로 어떤 뜻으로 쓰였는지 생각해 보세요.

두 번째 페이지에서는 앞에서 짐작해 본 4개의 단어에 대해 조금 더 자세히 살펴봅니다. 우선 뜻이 나와 있습니다. 스스로 짐작한 뜻과 책에서 제시한 뜻을 비교해 보세요. 달 월, 끝 말이라는 두 한자가 만나 월말이라는 한자어가 되었을 때 어떤 뜻이 되는지 생각해 봅니다. 단지 뜻을 확인하는 게 중요한 것이 아니라 어떻게 이런 뜻이 되는지 이해하려고 생각해 보는 게 중요합니다. 바로 아래에는 단어가 사용된 표현이 2개씩 나옵니다. 이 예문을 소리 내어 읽어 보세요. 단어가 실제로 어떻게 사용되는지 느껴 봅니다.

어휘를 짐작하고 문장 속에서 이해했다면 다음으로 직접 사용해 보아야 합니다. 단어가 사용된 문장을 보는 것을 넘어 내가 직접 말하거나 쓰면서 사용하는 겁니다. 직접 단어를 사용해 보면 단어가 더 잘 기억납니다. 똑같은 말이라도 다른 사람이 한 말보다 내가 한 말을 더 잘 기억하기 때문입니다. 또 단어 사용이 좀 더 정확해집니다. 외국인이나 아이들은 단어를 좀 이상하게 사용하는 경우가 많아요. 단어는 알지만 실제로 어떻게 사용해야 하는지 잘 모르기 때문입니다. 이런 문제를 개선하려면 단어를 많이 사용하면서 틀리고 수정하는 과정을 거쳐야 합니다. 일단 사용하고 틀린 후 고쳐 나가야 하니 틀리는 것에 민감하면 안 됩니다.

세 번째 페이지에서는 글쓰기를 합니다. 앞에서 배운 4개의 단어를 이용해 나만의 글쓰기를 해 보세요. 아이들의 수준을 고려해 문장의 일부를 제시하고 이어 쓰도록 하였습니다. 우선은 빈칸을 채워 봅니다. 혹시 가능하다면 완전히 새로운 문장을 써 보세요. 제시한 글쓰기 아래에 한 줄 정도 공간이 있으니 여기에 써 보면 됩니다. 다시 강조하지만 틀리는 건 좋은 일입니다. 실수하고 틀리면서 배우니까요. 아이가 틀렸을 때 틀렸다고 혼내지 말고 '잘못된 방식을 하나 발견했구나' 하고 생각하세요. 부드러운 분위기에서 웃으면서 올바른 방식을 알려 주세요.

어휘 학습 원리 4단계: 어휘에 관심을 가져 보세요!

어휘력이 풍부한 사람은 예외 없이 단어에 관심이 많아요. 생소한 단어를 만나면 찾아보고 그 활용에 대해 생각해 보지요. 풍부한 어휘력을 갖추려면 평소 어휘에 관심을 갖는 것이 중요합니다. 말놀이처럼 재미있는 방식으로 아이가 어휘에 관심을 가지도록 해 보세요. 또 유사한 어휘를 구분해 보는 것도 좋아요.

네 번째 페이지의 시작은 '창의력 꽉 잡아'입니다. 여기서는 핵심 한자어를 2개 이상 사용하여 한 문장으로 글을 씁니다. 달 월에서 배운 주제 단어는 월급, 월말, 매월, 허송세월입니다. 이 중 2개를 한 문장 안에서 사용하는 거예요. '창의력 꽉 잡아'는 말놀이와 글쓰기를 결합한 활동이에요. 어휘를 재미있게 사용하면서 어휘력과 어휘에 대한 관심을 동시에 높여 줍니다. 두 단어를 한 문장 안에서 연결해 사용하라는 제한이 아이의 창의력을 높여 주지요.

'탐구력 꽉 잡아'에서는 배우지 않은 새로운 단어를 탐색해 봅니다. 이번 주제 한자는 月(달월)이잖아요? 그래서 달 월이 들어간 단어 2개, 달 월이 아닌 다른 뜻의 '월'이 들어간 단어 2개, 그리고 빈칸 4개를 제시했어요. 우선 제시된 4개의 단어에서 달 월이 사용된 단어와 그렇지 않은 단어를 구분해 보세요. 이를 통해 '월'이라고 해서 모두 '달 월'의 뜻으로 쓰인 게 아니라 또 다른 뜻의 월이 있다는 걸 알게 됩니다. 이후에는 월이 들어간 4개의 새로운 단어를 찾아보세요. 사전을 찾아볼 수도 있고 가족과 함께 찾아보아도 좋아요. 책을 읽거나 길을 걷다가 간판에서 찾게 될 수도 있지요. 모두 제시하지 않고 빈칸으로 남겨둔 것은 단어에 관심을 갖도록 하기 위해서입니다. 일상생활에서 이렇게 단어를 찾다 보면 '단어 의식word consciousness'이 높아져요. 단어 의식이 높아지면 어휘를 학습하지 않는 일상의 모든 순간에도 어휘력이 계속해서 성장할 수 있습니다.

차례

추천사 4

프롤로그 문해력을 키우는 힘 6

어휘력을 키우는 어휘 학습 원리와 이 책의 활용법 10

1주차

한 일 일 년 / 일등 / 통일 / 일심동체 19

두 이 이월 / 이중 / 이등분 / 일석이조 23

석 삼 삼촌 / 삼국 / 삼각형 / 작심삼일 27

넉 사 사색 / 사방 / 사계절 / 삼한사온 31

다섯 오 오감 / 오미 / 오곡 / 삼삼오오 35

1주차 복습 39

2주차

여섯 육 육감 / 육각형 / 오뉴월 / 육하원칙 43

일곱 칠 칠월 / 칠순 / 삼칠 / 칠전팔기 47

여덟 팔 팔방 / 팔도 / 팔경 / 사방팔방 51

아홉 구 구구단 / 구미호 / 구사일생 / 십중팔구 55

열 십 십자 / 십 대 / 수십 / 십년지기 59

2주차 복습 63

3주차

일백 백 백성 / 백곡 / 백화점 / 백전백승 67

일천 천 천금 / 천만 / 천년 / 천차만별 71

일만 만 만국 / 만능 / 만일 / 천만다행 75

해 년 연령 / 연초 / 금년 / 생년월일 79

달 월 월급 / 월말 / 매월 / 허송세월 83

3주차 복습 87

4주차

불 화 화력 / 화산 / 화재 / 풍전등화 91

물 수 수중 / 수질 / 잠수 / 산전수전 95

나무 목 목수 / 목마 / 거목 / 산천초목 99

쇠 금 금고 / 입금 / 금속 / 금지옥엽 103

흙 토 토기 / 토지 / 국토 / 신토불이 107

4주차 복습 111

5주차

날 일 일기 / 일출 / 내일 / 차일피일 115

인간 세 세상 / 세계 / 출세 / 세상만사 119

있을 유 유능 / 유명 / 유죄 / 유구무언 123

없을 무 무능 / 무명 / 무죄 / 유명무실 127

아닐 불/부 불가 / 불결 / 불만 / 불로장생 131

5주차 복습 135

6주차

푸를 청 청년 / 청산 / 청춘 / 청산유수 139

붉을 적 적색 / 적신호 / 적혈구 / 근주자적 143

누를 황 황토 / 황사 / 황도 / 황금만능주의 147

흰 백 백기 / 백인 / 백발 / 명명백백 151

검을 흑 흑백 / 흑인 / 흑사병 / 흑백논리 155

6주차 복습 159

정답 162

1주차

뜻　　소리

한 일

추론력 꽉 잡아

한자의 뜻과 그림을 보고 단어의 뜻을 짐작해 보세요.

한 일 + 해 년
일 년

한 일 + 무리 등
일등

거느릴 통 + 한 일
통일

한 일 + 마음 심 + 한가지 동 + 몸 체
일심동체

제시어:야구

 **어휘력 꽉 잡아** 한 일(一)이 숨어 있는 단어를 알아봅시다.

일 년
한 일 + 해 년

뜻
한 해
365일과 같은 기간

표현1 일 년 동안 친하게 지내자.

표현2 일 년 전에는 2학년이었어.

일등
한 일 + 무리 등

뜻
무리에서 첫 번째

표현1 민석이가 우리 반에서 수학 일등이야.

표현2 일등으로 들어오는 선수는 누구입니까?

통일
거느릴 통 + 한 일

뜻
나뉜 것을 하나로 합치다.

표현1 우리의 소원은 통일.

표현2 짜장면과 짬뽕 중 하나로 통일합시다.

일심동체
한 일 + 마음 심 + 한 가지 동 + 몸 체

뜻
한 마음 한 몸

표현1 줄다리기에서 이기려면 일심동체가 되어야 해.

표현2 일심동체로 싸우면 반드시 이길 수 있어.

 우리 엄마와 아빠는 일심동체일까요?

글쓰기 꽉 잡아 한 일(一)을 넣어 한 문장 글쓰기를 해 보세요.

일 년 한 해, 365일과 같은 기간

일 년 후에는

일등 무리에서 첫 번째

이번 시험에서는

통일 나뉜 것을 하나로 합치다.

통일이 되길 기대합니다.

일심동체 한 마음 한 몸

와   는 일심동체인 것 같다.

창의력 꽉 잡아 한 일(一)이 들어간 단어를 2개 이상 사용하여 문장을 써 보세요.

예시

남과 북이 일심동체가 되어 통일하면 좋겠다.

두 단어가 어떻게 연결될 수 있을지 상상해 보세요.

 탐구력 꽉 잡아

1. 단어에 '일'이 들어간 경우를 책이나 주변에서 찾아 빈칸에 써 보세요.
2. 한 일(一)이 사용된 단어에는 ○, 아니면 X를 표시해 보세요.

일일
(하루)

유일
(오직 하나밖에 없음)

일기
(날마다 겪은 일을
적는 개인의 기록)

일정
(해야 할 일의 날짜별 계획)

 '날'과 관련된 단어를 골라내 보세요.

二

뜻 소리
두 이

추론력
꽉 잡아

한자의 뜻과 그림을 보고 단어의 뜻을 짐작해 보세요.

두 이 + 달 월
이월

두 이 + 겹칠 중
이중

두 이 + 무리 등 + 나눌 분
이등분

한 일 + 돌 석 + 두 이 + 새 조
일석이조

두 이(二)가 숨어 있는 단어를 알아봅시다.

이월
두 이 + 달 월

뜻

2월

표현 1 이월은 28일까지만 있다.

표현 2 내 생일은 이월이다.

이중
두 이 + 겹칠 중

뜻

두 개를 하나로 겹치다.

표현 1 추우니 옷을 이중으로 입어라.

표현 2 물이 새지 않도록 이중으로 감싸렴.

이등분
두 이 + 무리 등 + 나눌 분

뜻

무언가를 두 개로 똑같이 나누다.

표현 1 빵을 친구와 나눠 먹으려고 이등분 했다.

표현 2 과일을 이등분해서 함께 먹었다.

일석이조
한 일 + 돌 석 + 두 이 + 새 조

뜻

돌 하나로 새 두 마리를 잡다.
한 번에 두 가지 이득을 얻다.

표현 1 한자어와 사자성어를 함께 배울 수 있어 일석이조다.

표현 2 심부름하면 용돈도 받고 칭찬도 듣 고 일석이조다.

두 이(二)를 넣어 한 문장 글쓰기를 해 보세요.

이월 ^{2월}

이월에는

이중 두 개를 하나로 겹치다.

도둑이 들지 않게

이등분 무언가를 두 개로 똑같이 나누다.

은(는) 이등분하기 어려워.

일석이조 한 번에 두 가지 이득을 얻다.

일석이조다.

 도둑이 들지 않게 하려면 무엇을 이중으로 해야 할까요?

두 이(二)가 들어간 단어를 2개 이상 사용하여 문장을 써 보세요.

예시

이등분해서 나누면 우정도 얻을 수 있어 **일석이조**다.

1. 단어에 '이'가 들어간 경우를 책이나 주변에서 찾아 빈칸에 써 보세요.
2. 두 이(二)가 사용된 단어에는○, 아니면 X를 표시해 보세요.

이급
(두 번째 등급)

이상
(기준보다 더 많음)

이인자
(두 번째로 뛰어난 사람)

이전
(기준보다 앞)

 다른 무언가와 비교하는 단어를 골라내 보세요.

三

뜻   소리

석 삼

추론력 꽉 잡아 한자의 뜻과 그림을 보고 단어의 뜻을 짐작해 보세요.

석 삼 + 마디 촌
삼촌

석 삼 + 나라 국
삼국

석 삼 + 뿔 각 + 모양 형
삼각형

지을 작 + 마음 심 + 석 삼 + 날 일
작심삼일

 석 삼(三)이 숨어 있는 단어를 알아봅시다.

삼촌
석 삼 + 마디 촌

뜻

촌수에서 세 마디 거리의 친척
아버지의 남자 형제

표현1 삼촌은 경찰관이시다.

표현2 삼촌은 늘 행복하게 웃으신다.

삼국
석 삼 + 나라 국

뜻

세 나라

표현1 삼국지는 중국 위, 촉, 오 삼국의 역
사 이야기이다.

표현2 고구려, 백제, 신라 삼국은 결국 신
라에 의해 통일되었다.

 친척 간의 가깝고 멀고는 촌수로 표현합니다.

삼각형
석 삼 + 뿔 각 + 모양 형

뜻

세 개의 뿔이 달린 모양
세모

표현1 삼각형 다음엔 사각형을 배운다.

표현2 종이에 삼각형을 그려 봐.

작심삼일
지을 작 + 마음 심 + 석 삼 + 날 일

뜻

마음을 먹지만 삼 일밖에 가지 못한다.
결심을 해도 곧 포기한다.

표현1 아빠의 금연 계획은 올해도 작심삼
일이다.

표현2 한자어 공부가 작심삼일이 되지 않
도록 할 거야.

글쓰기 꽉 잡아 석 삼(三)을 넣어 한 문장 글쓰기를 해 보세요.

삼촌 촌수에서 세 마디 거리의 친척, 아버지의 남자 형제

어젯밤에 삼촌이

삼국 세 나라

한국, 중국, 일본 삼국은

삼각형 세 개의 뿔이 달린 모양, 세모

삼각형의 모서리는

작심삼일 결심을 해도 곧 포기한다.

엄마의 다이어트는

석 삼(三)이 들어간 단어를 2개 이상 사용하여 문장을 써 보세요.

예시

삼촌은 삼 일 동안 여행을 다녀왔다.

---

1. 단어에 '삼'이 들어간 경우를 책이나 주변에서 찾아 빈칸에 써 보세요.

2. 석 삼(三)이 사용된 단어에는 ○, 아니면 X를 표시해 보세요.

삼 일
(3일)

삼림
(나무가 많이 우거진 숲)

삼대
(아버지, 아들, 손자의
3대)

삼엄
(질서가 정연하고 엄숙함)

 '수풀' 혹은 '수풀처럼 빽빽한'과 관련된 단어를 골라내 보세요.

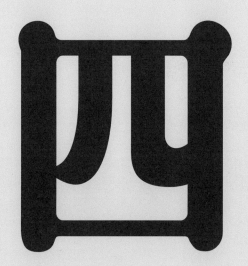

뜻　소리

넉　사

추론력 꽉 잡아

한자의 뜻과 그림을 보고 단어의 뜻을 짐작해 보세요.

넉 사 + 빛 색
사색

넉 사 + 방향 방
사방

넉 사 + 계절 계 + 마디 절
사계절

석 삼 + 찰 한 + 넉 사 + 따뜻할 온
삼한사온

 어휘력 꽉 잡아 넉 사(四)가 숨어 있는 단어를 알아봅시다.

사색
넉 사 + 빛 색

 뜻
네 개의 빛
네 가지 색깔

표현1 나는 어제 사색 볼펜을 샀다.

표현2 빨강, 파랑, 노랑, 초록의 사색을 이용해 그림을 그렸다.

사방
넉 사 + 방향 방

 뜻
네 개의 방향
동서남북의 네 방향

표현1 사방에서 고함 소리가 들려왔다.

표현2 오늘 체육 시간에 사방치기를 했다.

사계절
넉 사 + 계절 계 + 마디 절

뜻
네 가지 계절
봄, 여름, 가을, 겨울

표현1 우리나라는 사계절이 있다.

표현2 사계절 중 가을을 제일 좋아해.

삼한사온
석 삼 + 찰 한 + 넉 사 + 따뜻할 온

뜻
3일 춥고 4일 따뜻한
우리나라 겨울 날씨의 특징

표현1 우리나라 겨울 날씨는 항상 삼한사온이야.

표현2 삼한사온이니 내일부터는 춥겠군.

 우리나라 겨울 기온은 바람이 중국에서 불면 따뜻하고, 러시아에서 불면 춥습니다.

넉 사(四)를 넣어 한 문장 글쓰기를 해 보세요.

사색 네 개의 빛, 네 가지 색깔

사색 크레파스로 [   ]

사방 네 개의 방향, 동서남북의 네 방향

[   ] 사방을 돌아다녔다.

사계절 네 가지 계절

[   ] 사계절 입을 수 있습니다.

삼한사온 3일 춥고 4일 따뜻한 우리나라 겨울 날씨의 특징

삼한사온은 [   ]

 **창의력 꽉 잡아** 넉 사(四)가 들어간 단어를 2개 이상 사용하여 문장을 써 보세요.

예시

삼한사온은 사계절이 아닌 겨울에만 나타나요.

 **탐구력 꽉 잡아**

1. 단어에 '사'가 들어간 경우를 책이나 주변에서 찾아 빈칸에 써 보세요.
2. 넉 사(四)가 사용된 단어에는○, 아니면 X를 표시해 보세요.

사촌
(촌수에서 네 마디 거리의 친척)

사장
(회사의 책임자)

회사
(돈을 벌기 위해 모인 단체)

사 분
(1분이 4개)

 '모이는 것'과 관련된 단어를 골라내 보세요.

五

뜻 소리
다섯 오

추론력 꽉 잡아

한자의 뜻과 그림을 보고 단어의 뜻을 짐작해 보세요.

다섯 오 + 느낄 감
오감

다섯 오 + 맛 미
오미

다섯 오 + 곡식 곡
오곡

석 삼 + 석 삼 + 다섯 오 + 다섯 오
삼삼오오

 **어휘력 꽉 잡아**   다섯 오(五)가 숨어 있는 단어를 알아봅시다.

오감
다섯 오 + 느낄 감

 뜻

다섯 가지 감각
시각, 청각, 후각, 미각, 촉각

표현1 우리 엄마는 오감이 매우 발달했다.

표현2 화려한 봄꽃이 오감을 자극한다.

오미
다섯 오 + 맛 미

뜻

다섯 가지 맛
단맛, 짠맛, 신맛, 쓴맛, 매운맛

표현1 단맛, 짠맛, 신맛, 쓴맛, 매운맛을 오미라고 부른다.

표현2 오미자는 다섯 가지 맛이 모두 나는 열매이다.

오곡
다섯 오 + 곡식 곡

 뜻

다섯 가지 곡식 혹은 온갖 곡식
쌀, 보리, 조, 콩, 기장

표현1 우리 할머니는 늘 오곡을 섞어 밥을 하신다.

표현2 들판에는 오곡이 풍성하게 자라고 있다.

삼삼오오
석 삼 + 석 삼 + 다섯 오 + 다섯 오

 뜻

3~5명 정도의 사람들이
짝을 이룬 모습

표현1 쉬는 시간이 되면 친구들이 삼삼오오 모여 장난을 친다.

표현2 전염병 때문에 놀이터에서 삼삼오오 모여 놀기가 어려워졌다.

글쓰기 꽉 잡아 다섯 오(五)를 넣어 한 문장 글쓰기를 해 보세요.

오감 _{다섯 가지 감각}

나는 오감 중에

오미 _{다섯 가지 맛}

나는 오미 중

오곡 _{쌀, 보리, 조, 콩, 기장의 다섯 가지 곡식 혹은 온갖 곡식}

오곡을 골고루 먹어야

삼삼오오 _{3~5명 정도의 사람들이 짝을 이룬 모습}

학교가 끝나고

 편식하지 않고 골고루 먹으면 우리 몸은 어떻게 될까요?

 창의력 꽉 잡아

다섯 오(五)가 들어간 단어를 2개 이상 사용하여 문장을 써 보세요.

오곡과 오복은 읽을 때 소리가 비슷하다.

_____

 탐구력 꽉 잡아

1. 단어에 '오'가 들어간 경우를 책이나 주변에서 찾아 빈칸에 써 보세요.
2. 다섯 오(五)가 사용된 단어에는 ○, 아니면 X를 표시해 보세요.

오 초
(1초가 5개)

오전
(하루 중 낮 12시 이전)

 **오후**
(하루 중 낮 12시 이후)

 **오복**
(다섯 가지 복)

 '낮'과 관련된 단어를 골라내 보세요.

38

1주 차 복습

1. 왼쪽 어휘를 보고 그 뜻으로 알맞은 것을 골라 선으로 연결하세요.

일 년   •

  • 3일 춥고 4일 따뜻한 우리
     나라 겨울 날씨의 특징

이중   •

  • 세 개의 뿔이 달린 모양

삼각형   •

  • 다섯 가지 감각

삼한사온   •

  • 365일과 같은 기간

오감   •

  • 두 개를 하나로 겹치다.

2. 다음 뜻을 가진 어휘를 써 보세요.

나뉜 것을 하나로 합치다.	돌 하나로 새 두 마리를 잡다.	아버지의 남자 형제	동서남북의 네 방향	다섯 가지 곡식
⬇	⬇	⬇	⬇	⬇

3. 보기에서 알맞은 한자어를 골라 각 뜻을 나타내는 어휘를 만들어 보세요.

보기   맛 **미**, 나눌 **분**, 마음 **심**, 빛 **색**, 무리 **등**

1) 무리에서 첫 번째 ➡ 한 **일** + ☐

2) 무언가를 두 개로 똑같이 나누다. ➡ 두 **이** + 무리 **등** + ☐

3) 마음을 먹지만 삼 일밖에 가지 못한다. ➡ 지을 **작** + ☐ + 석 **삼** + 날 **일**

4) 네 가지 색깔 ➡ 넉 **사** + ☐

5) 다섯 가지 맛 ➡ 다섯 **오** + ☐

4. 다음 어휘를 이용해 한 문장으로 글쓰기를 해 보세요.

일심동체

➡ _____

이월

➡ _____

삼국

➡ _____

사계절

➡ _____

삼삼오오

➡ _____

2주 차

六

_뜻 여섯 _{소리} 육

추론력 꽉 잡아

한자의 뜻과 그림을 보고 단어의 뜻을 짐작해 보세요.

여섯 육 + 느낄 감
육감

여섯 육 + 뿔 각 + 모양 형
육각형

다섯 오 + 여섯 육 + 달 월
오뉴월

여섯 육 + 어찌 하 + 근원 원 + 법칙 칙
육하원칙

오뉴월에 서리가??

언제 어디서
누가
무엇을
어떻게 왜

 어휘력 꽉 잡아 여섯 육(六)자가 숨어 있는 단어를 알아봅시다.

육감

여섯 육 + 느낄 감

 뜻

예감, 영감, 직감 등
오감 이외의 감각

표현 1 육감이 좋지 않으니 조심해야겠어.

표현 2 육감적으로 위험하다는 걸 알 수 있었다.

육각형

여섯 육 + 뿔 각 + 모양 형

 뜻

여섯 개의 뿔이 달린 모양

표현 1 벌들은 육각형으로 집을 짓습니다.

표현 2 육각형을 종이에 그려 보세요.

오뉴월

다섯 오 + 여섯 육 + 달 월

뜻

음력 오월이나 유월
또는 음력 오월과 유월

표현 1 여자가 한을 품으면 오뉴월에도 서리가 내린다.

표현 2 오뉴월에는 메뚜기, 방아깨비 등을 많이 볼 수 있다.

육하원칙

여섯 육 + 어찌 하 + 근원 원 + 법칙 칙

뜻

여섯 가지로 사실을 말하는 원칙
언제, 어디서, 누가, 무엇을, 어떻게, 왜

표현 1 육하원칙에 따라 어제 있었던 일을 말해 보세요.

표현 2 글을 쓸 때 육하원칙을 참고하면 좋습니다.

 오뉴월은 여름 한철을 이르기도 합니다.

 **글쓰기 꽉 잡아** 여섯 육(六)을 넣어 한 문장 글쓰기를 해 보세요.

육감 오감 이외의 감각

(라)는 육감이 맞았어.

육각형 여섯 개의 뿔이 달린 모양

육각형은 삼각형보다

오뉴월 음력 오월이나 유월

오뉴월에는

육하원칙 언제, 어디서, 누가, 무엇을, 어떻게, 왜

육하원칙으로 말하면

창의력 꽉 잡아 여섯 육(六)이 들어간 단어를 2개 이상 사용하여 문장을 써 보세요.

예시

육감이지만, 올해 오뉴월은 더 많이 더울 것 같아.

 '여섯'과 관련된 기억을 떠올려 보세요.

탐구력 꽉 잡아
1. 단어에 '육'이 들어간 경우를 책이나 주변에서 찾아 빈칸에 써 보세요.
2. 여섯 육(六)이 사용된 단어에는 ○, 아니면 X를 표시해 보세요.

 **육 년**
(1년이 6개)

 **육십**
(10이 6개)

 **체육**
(신체를 튼튼하게 기르는 활동)

교육
(가르쳐서 인격을 기르는 활동)

 '기르는 것'과 관련된 단어를 골라내 보세요.

46

七

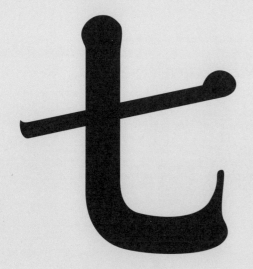

뜻 소리
일곱 칠

추론력 꽉 잡아

한자의 뜻과 그림을 보고 단어의 뜻을 짐작해 보세요.

일곱 칠 + 달 월
칠월

일곱 칠 + 열흘(십 년) 순
칠순

석 삼 + 일곱 칠
삼칠

일곱 칠 + 엎드러질 전 + 여덟 팔 + 일어날 기
칠전팔기

 일곱 칠(七)이 숨어 있는 단어를 알아봅시다.

칠월
일곱 칠 + 달 월

뜻

7월

표현 1 칠월에는 여름 방학이 있다.

표현 2 견우와 직녀는 칠월 칠석에 만난다.

칠순
일곱 칠 + 열흘(십 년) 순

뜻

일곱 개의 십 년
나이 70세

표현 1 우리 할아버지는 올해 칠순이시다.

표현 2 할아버지 칠순 잔치는 뷔페에서 하기로 했다.

 하나의 한자가 여러 개의 뜻을 가지기도 합니다.

삼칠
석 삼 + 일곱 칠

뜻

세 개의 일곱 배
스물하나

표현 1 아기가 태어난 지 21일째를 삼칠일이라고 한다.

표현 2 옛날에는 아기가 태어나면 삼칠일까지 문에 금줄을 걸어 두었다.

칠전팔기
일곱 칠 + 엎드러질 전 + 여덟 팔 + 일어날 기

뜻

일곱 번 넘어져도 여덟 번 일어난다.
여러 번 실패해도 꾸준히 노력함

표현 1 성공하려면 칠전팔기의 정신으로 도전해야 한다.

표현 2 권투 선수는 칠전팔기의 의지로 챔피언 벨트를 따냈다.

 **글쓰기 꽉 잡아** 일곱 칠(七)을 넣어 한 문장 글쓰기를 해 보세요.

칠월 ^{7월}

칠월에는 ┄┄┄┄┄┄┄┄┄┄┄┄┄┄┄┄┄┄┄┄┄┄┄

칠순 일곱 개의 십 년, 나이 70세

┄┄┄┄┄┄┄┄┄┄┄┄┄┄┄┄┄┄ 칠순 잔치가 연기되었다.

삼칠 세 개의 일곱 배, 스물하나

사촌 동생이 태어나고 ┄┄┄┄┄┄┄┄┄┄┄┄ 일이 지났다.

칠전팔기 일곱 번 넘어져도 여덟 번 일어난다. 여러 번 실패해도 꾸준히 노력함

외삼촌은 칠전팔기의 노력으로 ┄┄┄┄┄┄┄┄┄┄┄┄

 삼칠일은 아이가 태어난 후 스무하루가 되는 날이에요.

49

 **창의력 꽉 잡아** 일곱 칠(七)이 들어간 단어를 2개 이상 사용하여 문장을 써 보세요.

예시

할머니 칠순 잔치와 사촌 동생의 삼칠일이 같은 날이다.

 **탐구력 꽉 잡아**

1. 단어에 '칠'이 들어간 경우를 책이나 주변에서 찾아 빈칸에 써 보세요.
2. 일곱 칠(七)이 사용된 단어에는 ○, 아니면 X를 표시해 보세요.

칠보
(일곱 가지 보물)

칠판
(글씨를 쓸 수 있게 칠을 해둔 판)

칠백
(100이 7개)

색칠
(색깔이 나게 칠을 함)

 '표면에 무언가를 발라 묻히는 것'과 관련된 단어를 골라내 보세요.

八

뜻 여덟 소리 팔

추론력 꽉 잡아

한자의 뜻과 그림을 보고 단어의 뜻을 짐작해 보세요.

여덟 팔 + 방향 방
팔방

여덟 팔 + 길 도
팔도

어디로 가지?

여덟 팔 + 경치 경
팔경

넉 사 + 방향 방 + 여덟 팔 + 방향 방
사방팔방

앗

 **어휘력 꽉 잡아** 여덟 팔(八)이 숨어 있는 단어를 알아봅시다.

팔방
여덟 팔 + 방향 방

뜻

동서남북 사방과 그 사이 사방을 합한
여덟 방향

표현 1 사자가 나타나자 동물들은 팔방으로 흩어졌다.

표현 2 병에 좋다는 약을 팔방으로 찾아다녔다.

팔도
여덟 팔 + 길 도

뜻

여덟 개의 길
우리나라 전체

표현 1 조선 팔도에 꽃이 피었다.

표현 2 지도를 완성하기 위해 김정호는 전국 팔도를 돌아다녔다.

 조선 시대에는 8개의 도가 있어 전국을 팔도라 불렀습니다.

팔경
여덟 팔 + 경치 경

뜻

경치가 좋은 여덟 장소

표현 1 관동 팔경은 널리 알려진 강원도의 유명 관광지이다.

표현 2 아빠는 단양 팔경의 멋진 경치에 푹 빠졌다.

사방팔방
넉 사 + 방향 방 + 여덟 팔 + 방향 방

뜻

네 방향과 여덟 방향
여기저기 모든 방향

표현 1 아이돌이 등장하자 사방팔방에서 사람들이 모여들었다.

표현 2 사방팔방에서 바퀴벌레가 나오는 장면은 너무 징그러웠다.

 여덟 팔(八)을 넣어 한 문장 글쓰기를 해 보세요.

팔방 동서남북 사방과 그 사이 사방을 합한 여덟 방향

엄마는 아이를 찾아 ┌┄┄┄┄┄┄┄┄┄┄┄┄┄┄┄┐

팔도 우리나라 전체

┌┄┄┄┄┄┄┄┄┄┄┄┄┄┐ 팔도에서 사람들이 모여들었다.

팔경 경치가 좋은 여덟 장소

도담삼봉은 단양 팔경 중에서도 ┌┄┄┄┄┄┄┄┄┄┐

사방팔방 네 방향과 여덟 방향, 여기저기 모든 방향

유리가 깨져 ┌┄┄┄┄┄┄┄┄┄┄┄┄┄┄┄┐

 우리나라에는 관동 팔경과 단양 팔경 등이 있어요.

 창의력 꽉 잡아

여덟 팔(八)이 들어간 단어를 2개 이상 사용하여 문장을 써 보세요.

예시

조선 팔도에는 팔경이 사방팔방으로 있다.

 탐구력 꽉 잡아

1. 단어에 '팔'이 들어간 경우를 책이나 주변에서 찾아 빈칸에 써 보세요.
2. 여덟 팔(八)이 사용된 단어에는 ○, 아니면 X를 표시해 보세요.

팔 일
(1일이 8개)

[ ]

[ ]

팔만
(1만이 8개)

[ ]

나팔
(금속으로 만든 관악기의 하나)

나팔관
(나팔 모양의 관)

[ ]

 '악기'와 관련된 단어를 골라내 보세요.

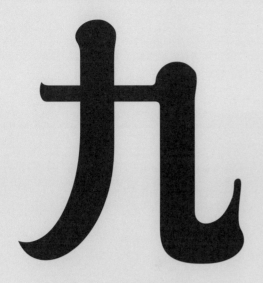

九 ^뜻아홉 ^{소리}구

한자의 뜻과 그림을 보고 단어의 뜻을 짐작해 보세요.

아홉 구 + 아홉 구 + 층계 단
구구단

아홉 구 + 꼬리 미 + 여우 호
구미호

아홉 구 + 죽을 사 + 한 일 + 살 생
구사일생

열 십 + 가운데 중 + 여덟 팔 + 아홉 구
십중팔구

 아홉 구(九)가 숨어 있는 단어를 알아봅시다.

구구단
아홉 구 + 아홉 구 + 층계 단

뜻
아홉이 아홉 개 있는 층계
곱셈 공식

표현1 오늘은 학교에서 구구단을 외웠다.

표현2 우리 반에서 내가 제일 구구단을 빠르게 욀 수 있다.

구미호
아홉 구 + 꼬리 미 + 여우 호

뜻
아홉 개 꼬리가 달린 여우
교활한 사람을 비유하는 말

표현1 구미호는 100년을 산다고 한다.

표현2 거짓말을 잘하고 매우 교활한 사람을 구미호라고 한다.

 구미호는 상상 속의 동물이에요

구사일생
아홉 구 + 죽을 사 + 한 일 + 살 생

뜻
아홉 번 죽을 뻔하다 한 번 살아난다.
많은 위기를 넘겼다.

표현1 불이 났지만 구사일생으로 탈출했다.

표현2 피구 게임에서 구사일생으로 살아남았다.

십중팔구
열 십 + 가운데 중 + 여덟 팔 + 아홉 구

뜻
열 가운데 여덟이나 아홉
거의 틀림없음

표현1 십중팔구 저기 오는 차에 아빠가 탔을 거야.

표현2 이번 시험에서는 십중팔구 100점을 맞을 거야.

글쓰기 꽉 잡아 아홉 구(九)를 넣어 한 문장 글쓰기를 해 보세요.

구구단 아홉이 아홉 개 있는 층계, 곱셈 공식

구구단은 ....

구미호 아홉 개 꼬리가 달린 여우, 교활한 사람을 비유하는 말

구미호는 ....

구사일생 많은 위기를 넘겼다.

차에 치일 뻔했는데 ....

십중팔구 거의 틀림없음

축구 시합에서 ....

57

창의력 꽉 잡아 아홉 구(九)가 들어간 단어를 2개 이상 사용하여 문장을 써 보세요.

예시

구미호가 잡아먹으려 했지만 주인공은 구사일생으로 살아남았다.

 인터넷 사전에서 '구✱'라고 검색하면 구로 시작하는 많은 단어를 찾을 수 있어요.

탐구력 꽉 잡아

1. 단어에 '구'이 들어간 경우를 책이나 주변에서 찾아 빈칸에 써 보세요.
2. 아홉 구(九)가 사용된 단어에는○, 아니면 X를 표시해 보세요.

구 분
(1분이 9개)

구천
(가장 높은 하늘)

식구
(한 집에서 끼니를
같이 하는 사람)

인구
(일정 지역에 사는 사람 수)

 '사람'과 관련된 단어를 골라내 보세요.

열 십

추론력 꽉 잡아

한자의 뜻과 그림을 보고 단어의 뜻을 짐작해 보세요.

열 십 + 글자 자
십자

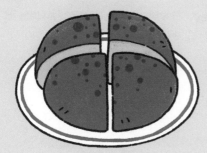

열 십 + 세대 대
십 대

셀 수 + 열 십
수십

열 십 + 해 년 + 알 지 + 자기 기
십년지기

열 십(十)이 숨어 있는 단어를 알아봅시다.

십자
열 십 + 글자 자

뜻

한자 열 십과 같은 모양
十

표현1 엄마는 칼로 빵 한가운데를 십자로 갈랐다.

표현2 우리 집 앞 교회에는 큰 십자가가 걸려 있다.

십 대
열 십 + 세대 대

뜻

나이가 열 몇 살인 사람

표현1 우리 형과 나는 십 대이다.

표현2 십 대 청소년들은 아이돌 가수를 좋아하는 경우가 많다.

 청소년의 특징이 나타나는 12, 13세부터 보통 십 대라고 합니다.

수십
셀 수 + 열 십

뜻

열을 여러 번 세야 하는 수
20부터 90까지의 수

표현1 운동장에는 학생 수십 명이 모여 있었다.

표현2 할머니는 같은 잔소리를 수십 번씩 하신다.

십년지기
열 십 + 해 년 + 알 지 + 자기 기

뜻

나를 십 년 이상 알아 온 친구

표현1 아빠는 십년지기 친구와 낚시를 하러 갔다.

표현2 정희와 나는 어린이집부터 같이 다닌 십년지기이다.

열 십(十)을 넣어 한 문장 글쓰기를 해 보세요.

십자
한자 열 십과 같은 모양, 十

젓가락 두 개로

십 대
나이가 열 몇 살인 사람

십 대에는 아직

수십
20부터 90까지의 수

마트에는 수십 가지

십년지기
나를 십 년 이상 알아 온 친구

십년지기 친구이다.

십 대를 어린이와 청년의 중간 시기인 청소년이라고 해요.

61

 **창의력 꽉 잡아** 열 십(十)이 들어간 단어를 2개 이상 사용하여 문장을 써 보세요.

예시

구미호를 만나면 십자가를 수십 번 그어야지.

 **탐구력 꽉 잡아**

1. 단어에 '십'이 들어간 경우를 책이나 주변에서 찾아 빈칸에 써 보세요.
2. 열 십(十)이 사용된 단어에는 ○, 아니면 X를 표시해 보세요.

 **십 초**
(1초가 10개)

멤버십
(모임 구성원으로서의
자격)

 **리더십**
(지도자로서의 능력)

 **십 분**
(1분이 10개)

 마음가짐, 자격, 태도를 뜻하는 영어 '-ship(십)'을 사용한 단어를 골라내 보세요.

2주 차 복습

1. 왼쪽 어휘를 보고 그 뜻으로 알맞은 것을 골라 선으로 연결하세요.

육감 •   • 경치가 좋은 여덟 장소

칠순 •   • 거의 틀림없음

팔경 •   • 예감, 영감, 직감 등
                               오감 이외의 감각

십중팔구 •   • 한자 열 십과 같은 모양

십자 •   • 나이 70세

2. 다음 뜻을 가진 어휘를 써 보세요.

음력 오월이나 유월	일곱 번 넘어져도 여덟 번 일어난다.	여덟 방향	아홉 개 꼬리가 달린 여우	열을 여러 번 세야 하는 수

3. 보기에서 알맞은 한자어를 골라 각 뜻을 나타내는 어휘를 만들어 보세요.

보기   방향 **방**, 모양 **형**, 아홉 **구**, 일곱 **칠**, 열 **십**

1) 여섯 개의 뿔을 가진 모양 ➡ 여섯 **육** + 뿔 **각** + ☐

2) 세 개의 일곱 배, 스물하나 ➡ 석 **삼** + ☐

3) 네 방향과 여덟 방향 ➡ 넉 **사** + ☐ + 여덟 **팔** + ☐

4) 아홉이 아홉 개 있는 층계 ➡ ☐ + ☐ + 층계 **단**

5) 나이가 열 몇 살인 사람 ➡ ☐ + 세대 **대**

4. 다음 어휘를 이용해 한 문장 글쓰기를 해 보세요.

육하원칙

➡ _____

칠월

➡ _____

팔도

➡ _____

구사일생

➡ _____

십년지기

➡ _____

뜻 소리
일백 백

추론력 꽉 잡아

한자의 뜻과 그림을 보고 단어의 뜻을 짐작해 보세요.

일백 백 + 성씨 성
백성

일백 백 + 곡식 곡
백곡

일백 백 + 재물 화 + 가게 점
백화점

일백 백 + 싸움 전 + 일백 백 + 이길 승
백전백승

 일백 백(百)이 숨어 있는 단어를 알아봅시다.

백성
일백 백 + 성씨 성

뜻
일백 개의 성씨
일반 국민

표현1 백성이 편안해야 나라가 편안하다.

표현2 나라 잃은 백성들이 외국으로 많이 나갔다.

백곡
일백 백 + 곡식 곡

뜻
일백 개의 곡식
온갖 곡식

표현1 창고에 백곡이 그득그득하다.

표현2 백곡을 골고루 먹어야 건강하다.

백화점
일백 백 + 재물 화 + 가게 점

뜻
일백 개의 재물이 있는 가게
수많은 제품을 파는 매우 큰 상점

표현1 오늘은 엄마와 백화점으로 쇼핑을 하러 왔다.

표현2 백화점에서 새로 바지를 샀다.

백전백승
일백 백 + 싸움 전 + 일백 백 + 이길 승

뜻
일백 번 싸워 일백 번 이긴다.
싸울 때마다 매번 이긴다.

표현1 우리 팀은 백전백승이다.

표현2 나를 알고 적을 알면 백전백승이다.

 일백 백(百)을 넣어 한 문장 글쓰기를 해 보세요.

백성 일반 국민

왕이 죄 없는 ⁝...⁝

백곡 온갖 곡식

가을 들판에는 백곡이 ⁝..⁝

백화점 수많은 제품을 파는 매우 큰 상점

백화점에는 ⁝...⁝

백전백승 싸울 때마다 매번 이긴다.

이순신 장군은 ⁝...⁝

 이순신 장군은 일본과 싸워 백전백승한 조선시대 위인입니다.

 **창의력 꽉 잡아** 일백 백(百)이 들어간 단어를 2개 이상 사용하여 문장을 써 보세요.

예시

백성은 백곡을 먹으며 살아간다.

 **탐구력 꽉 잡아**

1. 단어에 '백'이 들어간 경우를 책이나 주변에서 찾아 빈칸에 써 보세요.
2. 일백 백(百)이 사용된 단어에는 ○, 아니면 X를 표시해 보세요.

백일
(태어난 지 100일)

백기
(흰 깃발)

백방
(온갖 방법)

백설
(흰 눈)

 '희다, 깨끗하다'와 관련된 단어를 골라내 보세요.

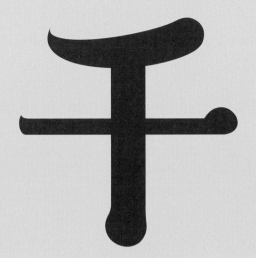

뜻 소리
일천 천

추론력
꽉 잡아

한자의 뜻과 그림을 보고 단어의 뜻을 짐작해 보세요.

일천 천 + 쇠 금
천금

일천 천 + 일만 만
천만

그럴 리 없어!

일천 천 + 해 년
천년

일천 천 + 다를 차 + 일만 만 + 다를 별
천차만별

 어휘력 꽉 잡아   일천 천(千)이 숨어 있는 단어를 알아봅시다.

천금
일천 천 + 쇠 금

뜻

일천 개의 돈
많은 돈

표현1   엄마의 사랑은 천금을 주고도 살 수 없다.

표현2   천금을 준다고 해도 친구를 속이진 않을 거야.

천만
일천 천 + 일만 만

뜻

10,000,000
아주, 전혀

표현1   그 영화는 천만 명이 관람했다.

표현2   천만에. 그럴 리가 없어!

 '천만에요'는 10,000,000 중에도 없을 만큼 전혀 없다는 뜻입니다.

천년
일천 천 + 해 년

뜻

일천 개의 해
1000년

표현1   천년 전에는 왕이 나라를 지배했다.

표현2   천년 묵은 은행나무

천차만별
일천 천 + 다를 차 + 일만 만 + 다를 별

뜻

천 개의 차이와 만 개의 다름
모든 사물에 차이와 다름이 있음

표현1   사람들의 성격은 천차만별이다.

표현2   백화점의 옷들이 천차만별이다.

글쓰기 꽉 잡아

일천 천(千)을 넣어 한 문장 글쓰기를 해 보세요.

천금 많은 돈

내가 만약 천금을 얻는다면 ⟨...⟩

천만 아주, 전혀

위험천만한 장난은 ⟨...⟩

천년 1000년

⟨...⟩ 천년이 지나도 끄덕없다.

천차만별 모든 사물에 차이와 다름이 있음

⟨...⟩ 천차만별이다.

'위험천만'은 위험한 정도가 만의 천 배로 매우 크다는 것을 의미해요.

창의력 꽉 잡아   일천 천(千)이 들어간 단어를 2개 이상 사용하여 문장을 써 보세요.

예시

천금을 준다고 해도 **천년** 전으로 갈 수는 없다.

탐구력 꽉 잡아

1. 단어에 '천'이 들어간 경우를 책이나 주변에서 찾아 빈칸에 써 보세요.
2. 일천 천(千)이 사용된 단어에는 ○, 아니면 X를 표시해 보세요.

천 리
(1리가 1000개,
약 392km)

일확천금
(한 번에 큰 돈을 얻음)

천국
(하늘나라)

천벌
(하늘이 내리는 큰 벌)

 '하늘'과 관련된 단어를 골라내 보세요.

74

萬

뜻 소리
일만 만

한자의 뜻과 그림을 보고 단어의 뜻을 짐작해 보세요.

추론력 꽉 잡아

일만 만 + 나라 국
만국

일만 만 + 능할 능
만능

일만 만 + 한 일
만일

일천 천 + 일만 만 + 많을 다 + 다행 행
천만다행

만일을 위해 챙기자.

휴우..

 일만 만(萬)이 숨어 있는 단어를 알아봅시다.

만국
일만 만 + 나라 국

뜻

일만 개의 나라
온갖 나라, 세계 모든 나라

표현1 올림픽은 만국이 모이는 스포츠 축제입니다.

표현2 손짓, 발짓은 만국 공통어입니다.

만능
일만 만 + 능할 능

뜻

많은 일에 능숙함
온갖 일을 다 잘함

표현1 국어, 영어, 수학을 다 잘하는 지선이는 만능이다.

표현2 돈이 많다고 만능은 아니야.

 만능에서 능할 '능'은 재주와 능력을 뜻해요

만일
일만 만 + 한 일

뜻

만 개 중의 하나
혹시라도, 만약에

표현1 만일 그 말이 사실이라면 큰일인걸.

표현2 만일에 대비해 충분한 돈을 저축해 두렴.

천만다행
일천 천 + 일만 만 + 많을 다 + 다행 행

뜻

천만 번만큼 행운이 많다.
아주 다행이다.

표현1 천만다행으로 인명 피해는 없었다.

표현2 교통사고가 났지만 크게 다치지 않은 게 천만다행이야.

일만 만(萬)을 넣어 한 문장 글쓰기를 해 보세요.

만국 온갖 나라, 세계 모든 나라

만국기가 펄럭인다.

만능 온갖 일을 다 잘함

만능 스포츠맨이다.

만일 혹시라도, 만약에

만일 그가 돌아온다면

천만다행 아주 다행이다.

아버지가

 세계 여러 나라 국기를 만국기라고 합니다.

일만 만(萬)이 들어간 단어를 2개 이상 사용하여 문장을 써 보세요.

예시
만일 내가 만국을 여행할 수 있다면?

_____

1. 단어에 '만'이 들어간 경우를 책이나 주변에서 찾아 빈칸에 써 보세요.
2. 일만 만(萬)이 사용된 단어에는 ○, 아니면 X를 표시해 보세요.

수만
(1만이 여럿)

만무
(절대로 없음)

불만
(마음에 차지 않음)

비만
(몸에 살이 차서 뚱뚱함)

'가득 차는 것'과 관련된 단어를 골라내 보세요.

年

뜻 소리
해 년

추론력 꽉 잡아

한자의 뜻과 그림을 보고 단어의 뜻을 짐작해 보세요.

해 년 + 나이 령
연령

해 년 + 처음 초
연초

이제 금 + 해 년
금년

날 생 + 해 년 + 달 월 + 날 일
생년월일

해 년(年)이 숨어 있는 단어를 알아봅시다.

연령
해 년 + 나이 령

뜻

살아온 해에 따른 나이
나이

표현1 이번 대회의 참가 연령은 18세 이상
입니다.

표현2 우리 선생님은 실제 연령보다 젊어
보이신다.

연초
해 년 + 처음 초

뜻

한 해의 앞부분

표현1 연초에는 많은 사람이 새해 계획을
세운다.

표현2 연초부터 많은 눈이 내렸다.

금년
이제 금 + 해 년

뜻

지금의 해
올해

표현1 금년에는 한자어를 많이 익힐 거야.

표현2 금년 겨울은 많이 춥다.

생년월일
날 생 + 해 년 + 달 월 + 날 일

뜻

태어난 해와 달과 날

표현1 나의 생년월일은 2012년 10월 15일
이다.

표현2 경찰은 범인에게 생년월일, 주소 등
을 물었다.

글쓰기 꽉 잡아

해 년(年)을 넣어 한 문장 글쓰기를 해 보세요.

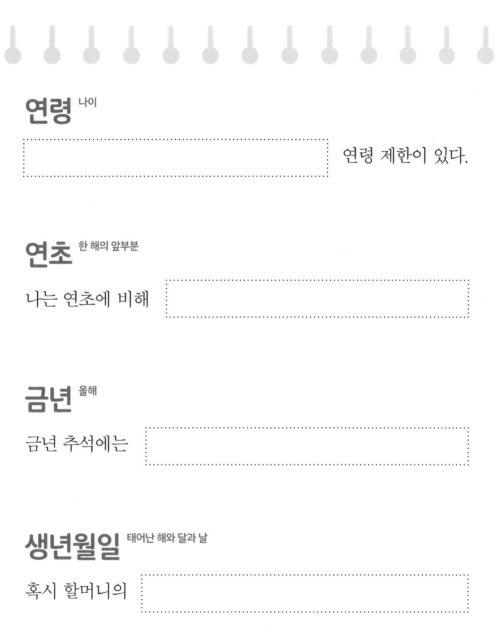

연령 ^{나이}

연령 제한이 있다.

연초 ^{한 해의 앞부분}

나는 연초에 비해 | |

금년 ^{올해}

금년 추석에는 | |

생년월일 ^{태어난 해와 달과 날}

혹시 할머니의 | |

 '연말'은 연초의 반대말로 한 해의 끝부분을 말합니다.

해 년(年)이 들어간 단어를 2개 이상 사용하여 문장을 써 보세요.

예시

금년 연초에는 정말 많은 일이 있었다.

_____

탐구력 꽉 잡아

1. 단어에 '년'이 들어간 경우를 책이나 주변에서 찾아 빈칸에 써 보세요.
2. 해 년(年)이 사용된 단어에는 ○, 아니면 X를 표시해 보세요.

연로
(나이가 많음)

 **천연**
(사람의 힘을 가하지 않은 상태)

 **자연**
(사람의 힘이 더해지지 않은 우주의 모든 존재)

연말
(한 해의 마지막 무렵)

 '사람이 손대지 않은 것'과 관련된 단어를 골라내 보세요.

月

뜻 소리

달 월

추론력 꽉 잡아

한자의 뜻과 그림을 보고 단어의 뜻을 짐작해 보세요.

달 월 + 줄 급
월급

달 월 + 끝 말
월말

매양 매 + 달 월
매월

빌 허 + 보낼 송 + 해 세 + 달 월
허송세월

 어휘력 꽉 잡아

달 월(月)이 숨어 있는 단어를 알아봅시다.

월급
달 월 + 줄 급

뜻

달마다 회사에서 주는 돈
직장인이 달마다 받는 봉급

표현1   엄마는 월급날이면 기분이 좋으시다.

표현2   월급에서 조금씩 돈을 모아 선물을 샀다.

월말
달 월 + 끝 말

뜻

한 달의 끝부분

표현1   은행은 월말에 가장 바쁘다.

표현2   월말까지는 과제를 마쳐야 한다.

매월
매양 매 + 달 월

뜻

매번의 달
매달

표현1   우리는 매월 시험을 친다.

표현2   매월 두 번째 토요일에 축구 시합이 있다.

허송세월
빌 허 + 보낼 송 + 해 세 + 달 월

뜻

일 년, 한 달을 텅 빈 채 보냄
오랜 시간을 아무 의미 없이 보냄

표현1   이모는 아무 일도 하지 않고 허송세월을 보냈다.

표현2   게임에 빠져 허송세월했구나.

 **글쓰기 꽉 잡아**

달 월(月)을 넣어 한 문장 글쓰기를 해 보세요.

월급 _{직장인이 달마다 받는 봉급}

아빠는 월급날이면 [　　　　　　　　　　　　]

월말 _{한 달의 끝부분}

월말에는 [　　　　　　　　　　　　]

매월 _{매번의 달}

할머니는 매월 [　　　　　　　　　　　　]

허송세월 _{오랜 시간을 아무 의미 없이 보냄}

허송세월을 보낸 사람은 [　　　　　　　　　　　　]

창의력 꽉 잡아

달 월(月)이 들어간 단어를 2개 이상 사용하여 문장을 써 보세요.

예시

엄마는 월말에 월급을 받아 오신다.

탐구력 꽉 잡아

1. 단어에 '월'이 들어간 경우를 책이나 주변에서 찾아 빈칸에 써 보세요.
2. 달 월(月)이 사용된 단어에는 ○, 아니면 X를 표시해 보세요.

월초
(한 달의 처음 무렵)

월별
(달에 따라 나눈 구별)

월등
(수준이 정도 이상으로 뛰어남)

추월
(뒤에서 따라잡고 앞서 나감)

'넘는 것'과 관련된 단어를 골라내 보세요.

3주 차 복습

콩나물쌤의 강의를 먼저 듣고 공부를 시작하면 이해가 쏙쏙!

QR 코드를 스캔하면 강의 영상을 볼 수 있어요.

1. 왼쪽 어휘를 보고 그 뜻으로 알맞은 것을 골라 선으로 연결하세요.

백성　　　●　　　　　　　　● 아주, 전혀

천만　　　●　　　　　　　　● 태어난 해와 달과 날

만일　　　●　　　　　　　　● 직장인이 달마다 받는 봉급

생년월일　●　　　　　　　　● 일반 국민

월급　　　●　　　　　　　　● 혹시라도, 만약에

2. 다음 뜻을 가진 어휘를 써 보세요.

일백 개의 재물이 있는 가게	천 개의 차이와 만 개의 다름	일만 개의 나라	한 해의 앞부분	매번의 달

⬇   ⬇   ⬇   ⬇   ⬇

3. 보기에서 알맞은 한자어를 골라 각 뜻을 나타내는 어휘를 만들어 보세요.

보기   일천 **천**, 일백 **백**, 해 **년**, 달 **월**, 일만 **만**

1) 일백 개의 곡식 ➡ [　　　　] + 곡식 **곡**

2) 1000년 ➡ [　　　　] + 해 **년**

3) 천만 번만큼 행운이 많다. ➡ 일천 **천** + [　　　　] + 많을 **다** + 다행 **행**

4) 나이 ➡ [　　　　] + 나이 **령**

5) 한 달의 끝부분 ➡ [　　　　] + 끝 **말**

4. 다음 어휘를 이용해 한 문장 글쓰기를 해 보세요.

백전백승

➡ _____

천금

➡ _____

만능

➡ _____

금년

➡ _____

허송세월

➡ _____

火

뜻 소리

불 화

 추론력 꽉 잡아

한자의 뜻과 그림을 보고 단어의 뜻을 짐작해 보세요.

불 화 + 힘 력
화력

불 화 + 산 산
화산

불 화 + 재앙 재
화재

바람 풍 + 앞 전 + 등 등 + 불 화
풍전등화

어휘력 꽉 잡아 불 화(火)가 숨어 있는 단어를 알아봅시다.

화력
불 화 + 힘 력

뜻
불의 힘
불이 타는 힘

표현 1 요리를 할 때는 화력 조절을 잘 해야 한다.

표현 2 젖은 장작은 화력이 약해.

화산
불 화 + 산 산

뜻
불이 나오는 산
마그마가 터져 나오는 산

표현 1 화산 폭발로 많은 사람이 피해를 입었다.

표현 2 백두산은 잠시 쉬고 있는 화산이다.

화재
불 화 + 재앙 재

뜻
불로 인한 재앙
불이 남

표현 1 겨울철에는 화재가 나기 쉽다.

표현 2 화재를 예방하기 위해 불씨를 잘 꺼야 한다.

풍전등화
바람 풍 + 앞 전 + 등 등 + 불 화

뜻
바람 앞에 등잔불
위험하고 위태로운 상태

표현 1 사자 떼가 나타나자 가젤은 풍전등화의 처지가 되었다.

표현 2 풍전등화의 상황에서 이순신 장군이 나라를 구했다.

글쓰기 꽉 잡아 불 화(火)를 넣어 한 문장 글쓰기를 해 보세요.

화력 불이 타는 힘

화력이 약해 ....

화산 마그마가 터져 나오는 산

화산 폭발로 ....

화재 불이 남

화재가 나자 ....

풍전등화 위험하고 위태로운 상태

풍전등화의 상황에서 ....

 아주 위험한 상황에서 벗어나려면 어떻게 해야 할까요?

창의력 꽉 잡아 불 화(火)가 들어간 단어를 2개 이상 사용하여 문장을 써 보세요.

예시

화산의 화력은 어마어마하다.

탐구력 꽉 잡아

1. 단어에 '화'가 들어간 경우를 책이나 주변에서 찾아 빈칸에 써
   보세요.
2. 불 화(火)가 사용된 단어에는○, 아니면 X를 표시해 보세요.

화상
(불에 데여 다침)

방화
(일부러 불을 지름)

동화
(어린이를 위한 이야기)

수화
(손으로 표현하는 언어)

 '언어'와 관련된 단어를 골라내 보세요.

뜻   소리

물 수

 **추론력 꽉 잡아**

한자의 뜻과 그림을 보고 단어의 뜻을 짐작해 보세요.

물 수 + 가운데 중
수중

물 수 + 바탕 질
수질

잠길 잠 + 물 수
잠수

산 산 + 싸움 전 + 물 수 + 싸움 전
산전수전

물 수(水)가 숨어 있는 단어를 알아봅시다.

수중
물 수 + 가운데 중

뜻

물의 가운데
물속

표현1 이모는 수중 분만을 했어.

표현2 수중 촬영을 통해 상어의 모습을 볼 수 있었습니다.

수질
물 수 + 바탕 질

뜻

물의 바탕
물의 깨끗하고 맑은 정도

표현1 수질이 나쁜 곳에서는 물고기가 살 수 없어.

표현2 사람들이 쓰레기를 버려 수질이 나빠졌어.

 수질에서 바탕 '질'은 풍질, 성질, 소질처럼 상태를 나타내요.

잠수
잠길 잠 + 물 수

뜻

물속으로 잠겨 들어가다.

표현1 누가 오래 잠수하는지 친구와 내기 하였습니다.

표현2 제주 해녀는 산소 호흡기 없이도 오랜 시간 잠수할 수 있어.

산전수전
산 산 + 싸움 전 + 물 수 + 싸움 전

뜻

산에서 싸우고 물에서 싸운다.
온갖 경험과 고생을 다 해 보았음

표현1 산전수전을 다 겪은 사람은 매우 노련하다.

표현2 이 일에는 산전수전 다 겪은 사람이 꼭 필요하다.

 물 수(水)를 넣어 한 문장 글쓰기를 해 보세요.

수중 물속

수중 카메라는 ....

수질 물의 깨끗하고 맑은 정도

수질 검사 결과 ....

잠수 물속으로 잠겨 들어가다.

잠수부는 물속에서 ....

산전수전 온갖 경험과 고생을 다 해 보았음

아저씨는 ....

잠수부는 물속에서 전문적으로 작업하는 사람입니다.

97

물 수(水)가 들어간 단어를 2개 이상 사용하여 문장을 써 보세요.

예시
수질이 나쁜 곳에서는 **잠수**하기 어렵다.

탐구력 꽉 잡아
1. '수'가 들어간 경우를 책이나 주변에서 찾아 빈칸에 써 보세요.
2. 물 수(水)가 사용된 단어에는○, 아니면 X를 표시해 보세요.

수경
(물안경)

수도
(물이 흐르는 길)

수동
(손으로 직접 움직임)

수완
(일을 꾸미는 재간)

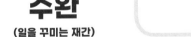

'손'과 관련된 단어를 골라내 보세요.

木

뜻 소리
나무 목

추론력 꽉 잡아

한자의 뜻과 그림을 보고 단어의 뜻을 짐작해 보세요.

나무 **목** + 손 수
목수

나무 **목** + 말 마
목마

클 거 + 나무 **목**
거목

와아~

산 산 + 내 천 + 풀 초 + 나무 **목**
산천초목

 **어휘력 꽉 잡아** 나무 목(木)이 숨어 있는 단어를 알아봅시다.

목수
나무 목 + 손 수

 뜻

나무로 가구나 집 등을 만드는
직업을 가진 사람

표현1 목수는 묵묵히 나무를 깎았다.

표현2 솜씨 있는 목수가 만든 책상은 너무
나 편했다.

목마
나무 목 + 말 마

뜻

나무로 만든 말

표현1 나는 놀이동산에서 회전목마를 탔다.

표현2 아이들은 목마를 타고 신나게 놀았다.

 가수, 선수처럼 손 수(手)가 '사람'을 나타내는
경우가 많아요.

거목
클 거 + 나무 목

 뜻

아주 큰 나무
매우 훌륭한 사람

표현1 마을 입구에는 거목 한 그루가 서 있
었다.

표현2 김구 선생은 우리 역사의 큰 거목이
시다.

산천초목
산 산 + 내 천 + 풀 초 + 나무 목

 뜻

산과 내와 풀과 나무
자연

표현1 봄이 오자 산천초목에 따뜻한 바람
이 불기 시작했다.

표현2 그는 산천초목과 함께하며 노래를
만들었다.

 **글쓰기 꽉 잡아** 나무 목(木)을 넣어 한 문장 글쓰기를 해 보세요.

목수 나무로 가구나 집 등을 만드는 직업을 가진 사람

목수는 나무를 잘라

목마 나무로 만든 말

아가는 목마를 타면서

거목 매우 훌륭한 사람

거목이야.

산천초목 자연

수많은 생명체가

 **창의력 꽉 잡아**

나무 목(木)이 들어간 단어를 2개 이상 사용하여 문장을 써 보세요.

예시

목수는 좋은 나무를 찾아 산천초목을 돌아다녔다.

_____

 **탐구력 꽉 잡아**

1. 단어에 '목'이 들어간 경우를 책이나 주변에서 찾아 빈칸에 써 보세요.
2. 나무 목(木)이 사용된 단어에는 ○, 아니면 X를 표시해 보세요.

목재
(나무로 된 재료)

안목
(사물을 보고
분별하는 눈썰미)

주목
(관심을 가지고 살핌)

고목
(오래된 나무)

 '눈'과 관련된 단어를 골라내 보세요.

뜻 소리
쇠 금

추론력 꽉 잡아 한자의 뜻과 그림을 보고 단어의 뜻을 짐작해 보세요.

쇠 금 + 곳집 고
금고

들 입 + 쇠 금
입금

쇠 금 + 무리 속
금속

쇠 금 + 가지 지 + 구슬 옥 + 잎 엽
금지옥엽

• 쇠 금(金)은 사람의 성에 사용하면 '김'이라고 읽어요.

 **어휘력 꽉 잡아** 쇠 금(金)이 숨어 있는 단어를 알아봅시다.

금고
쇠 금 + 곳집 고

 뜻

쇠붙이를 보관하는 곳간
돈이나 보석을 보관하는 상자

표현1 아버지는 귀중한 서류를 금고에 보관하셨다.

표현2 금고에는 비밀번호가 달려 아무나 열 수 없었다.

입금
들 입 + 쇠 금

 뜻

돈이 들어옴

표현1 물건값을 입금해 주시기 바랍니다.

표현2 아빠는 스마트폰으로 입금하셨다.

금속
쇠 금 + 무리 속

뜻

쇠와 비슷한 무리
금, 은, 동, 철, 니켈 등

표현1 이 책상은 금속으로 만들어져 감촉이 차갑다.

표현2 보석과 같은 귀금속은 잘 보관해야 한다.

금지옥엽
쇠 금 + 가지 지 + 구슬 옥 + 잎 엽

뜻

금 가지에 옥 잎사귀
아주 귀한 자손

표현1 할머니는 손자를 금지옥엽 귀하게 키웠다.

표현2 금지옥엽으로 받들어 자란 아이는 버릇이 없는 경우가 많다.

 주변에서 금속으로 된 물질을 찾아보세요.

글쓰기 꽉 잡아 쇠 금(金)을 넣어 한 문장 글쓰기를 해 보세요.

금고 돈이나 보석을 보관하는 상자

도둑이 들었지만

입금 돈이 들어옴

학원비를

금속 금, 은, 동, 철, 니켈 등

나무보다 금속은

금지옥엽 아주 귀한 자손

금지옥엽 길러 주신

창의력 꽉 잡아 쇠 금(金)이 들어간 단어를 2개 이상 사용하여 문장을 써 보세요.

예시

금고에 든 돈을 꺼내 은행에 입금하였다.

1. 단어에 '금'이 들어간 경우를 책이나 주변에서 찾아 빈칸에 써 보세요.
2. 쇠 금(金)이 사용된 단어에는 ○, 아니면 X를 표시해 보세요.

금액
(돈의 액수)

금방
(지금과 매우 가까운 때)

금품
(돈과 물품)

방금
(지금 바로 전)

 '지금'과 관련된 단어를 골라내 보세요.

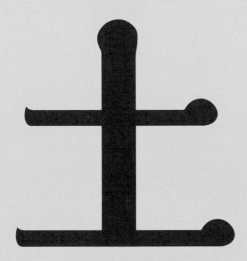

뜻   소리

흙  토

 추론력 꽉 잡아

한자의 뜻과 그림을 보고 단어의 뜻을 짐작해 보세요.

흙 토 + 그릇 기
토기

흙 토 + 땅 지
토지

나라 국 + 흙 토
국토

몸 신 + 흙 토 + 아닐 불 + 두 이
신토불이

독도는 우리 땅!

원산지:국내산
품명:참외

원산지:국내산
품명:토마토

흙 토(土)가 숨어 있는 단어를 알아봅시다.

토기

흙 토 + 그릇 기

뜻

흙으로 구워 만든 그릇

표현1   먼 옛날 사람들은 토기를 사용했다.

표현2   꽃을 심으려고 토기 화분을 샀다.

토지

흙 토 + 땅 지

뜻

집을 짓거나 농사를 짓는 등
사람이 사용하는 흙과 땅

표현1   토지가 비옥하여 농사짓기에 알맞다.

표현2   집을 지으려면 토지부터 구입해야
한다.

국토

나라 국 + 흙 토

뜻

나라의 흙
한 나라의 땅

표현1   독도는 분명한 우리 국토이다.

표현2   국토 교통부에서는 우리 땅을 발전
시키기 위해 노력한다.

신토불이

몸 신 + 흙 토 + 아닐 불 + 두 이

뜻

몸과 흙은 둘이 아니다.
우리 땅에서 난 것이 우리 몸에 가장 좋다.

표현1   할머니는 신토불이라며 국내산 채소
를 사셨다.

표현2   신토불이 운동이 펼쳐지고 있다.

사람의 몸은 먹는 것에 길들여지기 때문에 신토
불이입니다.

 **글쓰기 꽉 잡아** 흙 토(土)를 넣어 한 문장 글쓰기를 해 보세요.

토기 흙으로 구워 만든 그릇

박물관에는

토지 집을 짓거나 농사를 짓는 등 사람이 사용하는 흙과 땅

주말 농장을 하려고

국토 한 나라의 땅

우리 국토를

신토불이 우리 땅에서 난 것이 우리 몸에 가장 좋다.

신토불이라고 해서

창의력 꽉 잡아

흙 토(土)가 들어간 단어를 2개 이상 사용하여 문장을 써 보세요.

예시

> 황토 흙으로 토기를 직접 구웠다.

탐구력 꽉 잡아

1. 단어에 '토'가 들어간 경우를 책이나 주변에서 찾아 빈칸에 써 보세요.
2. 흙 토(土)가 사용된 단어에는 ○, 아니면 X를 표시해 보세요.

토양
(흙과 흙덩이)

토의
(문제에 대하여
검토하고 의논함)

황토
(누런 흙)

토론
(문제에 대하여
의견을 말하며 논의함)

 '옳고 그름을 밝히는 것'과 관련된 단어를 골라내 보세요.

4주 차 복습

콩나물쌤의 강의를 먼저 듣고 공부를 시작하면 이해가 쏙쏙!

QR 코드를 스캔하면 강의 영상을 볼 수 있어요.

1. 왼쪽 어휘를 보고 그 뜻으로 알맞은 것을 골라 선으로 연결하세요.

화력   •   • 불의 힘

수질   •   • 아주 귀한 자손

거목   •   • 물의 깨끗하고 맑은 정도

금지옥엽   •   • 흙으로 구워 만든 그릇

토기   •   • 아주 큰 나무

2. 다음 뜻을 가진 어휘를 써 보세요.

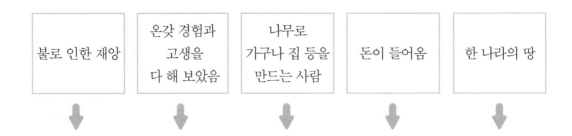

| 불로 인한 재앙 | 온갖 경험과 고생을 다 해 보았음 | 나무로 가구나 집 등을 만드는 사람 | 돈이 들어옴 | 한 나라의 땅 |

3. 보기에서 알맞은 한자어를 골라 각 뜻을 나타내는 어휘를 만들어 보세요.

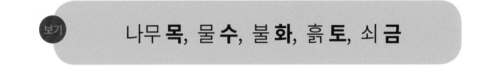

보기 나무 **목**, 물 **수**, 불 **화**, 흙 **토**, 쇠 **금**

1) 불이 나오는 산 ➡ [   ] + 산 **산**

2) 물속으로 잠겨 들어가다. ➡ 잠길 **잠** + [   ]

3) 산과 내와 풀과 나무 ➡ 산 **산** + 내 **천** + 풀 **초** + [   ]

4) 돈이나 보석을 보관하는 상자 ➡ [   ] + 곳집 **고**

5) 집을 짓거나 농사를 짓는 등 사람이 사용하는 흙과 땅 ➡ [   ] + 땅 **지**

4. 다음 어휘를 이용해 한 문장 글쓰기를 해 보세요.

풍전등화

➡ _____

수중

➡ _____

목마

➡ _____

금속

➡ _____

신토불이

➡ _____

5주 차

뜻 소리
날 일

추론력 꽉 잡아

한자의 뜻과 그림을 보고 단어의 뜻을 짐작해 보세요.

날 일 + 기록할 기
일기

날 일 + 날 출
일출

올 래 + 날 일
내일

이 차 + 날 일 + 저 피 + 날 일
차일피일

• 날 일(日)은 '해'라는 뜻으로도 사용됩니다.

 어휘력 꽉 잡아

날 일(日)이 숨어 있는 단어를 알아봅시다.

일기
날 일 + 기록할 기

 뜻

날마다 겪은 일과
생각에 대한 기록

표현1 새해엔 일기를 꾸준히 쓰기로 했다.

표현2 일기를 쓰고 나면 하루가 정리되어
기분이 좋다.

일출
날 일 + 날 출

뜻

해가 나옴
아침에 해가 뜸

표현1 오늘 일출 시간은 아침 6시 15분입
니다.

표현2 새해를 맞아 일출을 보러 동해로 향
했다.

 일출에서 날 일은 '해'라는 뜻으로 사용되었습니
다.

내일
올 래 + 날 일

 뜻

오늘 다음에 오는 날

표현1 내일은 일요일이다.

표현2 내일 우리 집에 놀러 올래?

차일피일
이 차 + 날 일 + 저 피 + 날 일

 뜻

이날 저 날 하고 자꾸 일을 미룸

표현1 친구는 차일피일 약속을 미루고 있
는 상태다.

표현2 차일피일 지내다 보니 방학이 다 끝
났다.

글쓰기 꽉 잡아

날 일(日)을 넣어 한 문장 글쓰기를 해 보세요.

일기 날마다 겪은 일과 생각에 대한 기록

방학 숙제로 ┊   ┊

일출 아침에 해가 뜸

산 정상에서 ┊   ┊

내일 오늘 다음에 오는 날

내일까지 ┊   ┊

차일피일 이날 저 날 하고 자꾸 일을 미룸

차일피일 ┊   ┊

날 일(日)이 들어간 단어를 2개 이상 사용하여 문장을 써 보세요.

예시

내일은 일출을 보러 가기로 약속했다.

1. 단어에 '일'이 들어간 경우를 책이나 주변에서 찾아 빈칸에 써 보세요.
2. 날 일(日)이 사용된 단어에는 ○, 아니면 X를 표시해 보세요.

일과
(날마다 규칙적으로 하는 일정한 일)

일가
(한집에 사는 가족)

일어
(일본어)

일단
(우선 먼저)

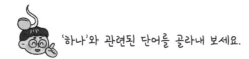

'하나'와 관련된 단어를 골라내 보세요.

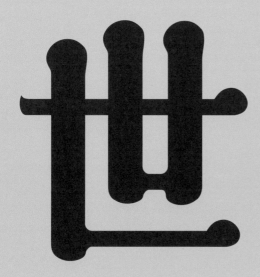

世

뜻 소리
인간 세

추론력 꽉 잡아

한자의 뜻과 그림을 보고 단어의 뜻을 짐작해 보세요.

인간 세 + 윗 상
세상

인간 세 + 지경 계
세계

날 출 + 인간 세
출세

인간 세 + 윗 상 + 일만 만 + 일 사
세상만사

• 인간 세(世)는 '세상'이라는 뜻으로도 사용됩니다.

 인간 세(世)가 숨어 있는 단어를 알아봅시다.

세상
인간 세 + 윗 상

뜻

인간이 살고 있는 지구 위
인간이 살고 있는 모든 사회

표현1 세상에는 다양한 사람이 살고 있다.

표현2 세상은 늘 변화한다.

세계
인간 세 + 지경 계

뜻

세상의 모든 지역
세상 모든 나라

표현1 세계에는 약 200개의 국가가 있다.

표현2 세계에서 가장 달리기가 빠른 사람은 누구일까?

출세
날 출 + 인간 세

뜻

세상 밖으로 나오다.
사회적으로 크게 성공하다.

표현1 그녀는 사업에 성공해 크게 출세했다.

표현2 아버님, 저는 과거 시험에 합격해 출세하려 합니다.

세상만사
인간 세 + 윗 상 + 일만 만 + 일 사

뜻

인간 세상의 일만 가지 일들
세상에서 일어나는 수많은 일

표현1 몸이 아프면 세상만사가 귀찮아진다.

표현2 세상만사 내 뜻대로 될 수는 없다.

 세계와 출세에서 인간 세(世)는 '세상'이
라는 뜻으로 사용되었습니다.

 글쓰기 꽉 잡아

인간 세(世)를 넣어 한 문장 글쓰기를 해 보세요.

세상 인간이 살고 있는 모든 사회

온 세상이 ....

세계 세상 모든 나라

세계 여러 나라 사람들이 ....

출세 사회적으로 크게 성공하다

출세하려고 ....

세상만사 세상에서 일어나는 수많은 일

아빠는 세상만사 제쳐 두고 ....

창의력 꽉 잡아

인간 세(世)가 들어간 단어를 2개 이상 사용하여 문장을 써 보세요.

예시

세상의 많은 이들이 출세하고자 노력한다.

탐구력 꽉 잡아

1. 단어에 '세'가 들어간 경우를 책이나 주변에서 찾아 빈칸에 써 보세요.
2. 인간 세(世)가 사용된 단어에는 ◯, 아니면 X를 표시해 보세요.

세대
(같은 시대에 사는 비슷한 연령대 사람들)

세면
(얼굴을 씻음)

세수
(손이나 얼굴을 씻음)

후세
(다음 세대 사람들)

 '씻는 것'과 관련된 단어를 골라내 보세요.

有 있을 유

뜻 소리

추론력 꽉 잡아

한자의 뜻과 그림을 보고 단어의 뜻을 짐작해 보세요.

있을 유 + 능할 능
유능

훗! 멋져...

있을 유 + 이름 명
유명

있을 유 + 허물 죄
유죄

유죄!

있을 유 + 입 구 + 없을 무 + 말씀 언
유구무언

 **어휘력 꽉 잡아** 있을 유(有)가 숨어 있는 단어를 알아봅시다.

유능
 있을 유 + 능할 능

뜻

능함이 있음
어떤 일을 잘함

표현1 내 친구는 여러 가지 일에 유능하다.

표현2 그는 유능한 아나운서이다.

유명
있을 유 + 이름 명

뜻

이름이 있음
많은 사람에게 이름이 알려짐

표현1 그는 유명한 연예인이다.

표현2 유명한 사람이 되면 피곤한 일도 많아진다.

유죄
있을 유 + 허물 죄

뜻

허물이 있음
죄가 있음

표현1 그가 유죄임은 누구나 알고 있다.

표현2 유죄가 밝혀지면 감옥에 가야 한다.

유구무언
있을 유 + 입 구 + 없을 무 + 말씀 언

뜻

입은 있으나 말이 없다.
아무런 말이 없음. 변명을 하지 못함

표현1 아버지가 물었으나 아들은 유구무언이었다.

표현2 자기의 잘못일까 봐 다들 유구무언으로 가만히 있었다.

 '허물'은 그릇된 행동과 잘못을 뜻합니다.

 있을 유(有)를 넣어 한 문장 글쓰기를 해 보세요.

유능 _{어떤 일을 잘함}

우리 삼촌은

유명 _{많은 사람에게 이름이 알려짐}

유명한 가수를

유죄 _{죄가 있음}

그녀는 자신이

유구무언 _{아무런 말이 없음. 변명을 하지 못함}

모두들

있을 유㈲가 들어간 단어를 2개 이상 사용하여 문장을 써 보세요.

예시

유죄가 드러난 범인은 유구무언이었다.

탐구력
꽉 잡아

1. 단어에 '유'가 들어간 경우를 책이나 주변에서 찾아 빈칸에 써 보세요.
2. 있을 유㈲가 사용된 단어에는 ○, 아니면 X를 표시해 보세요.

유력
(세력이나 재산이 있음)

유선
(선이 있음)

유성
(기름 같은 성질)

주유
(자동차 따위에 기름을 넣음)

'기름'과 관련된 단어를 골라내 보세요.

126

無

뜻 소리

없을 무

한자의 뜻과 그림을 보고 단어의 뜻을 짐작해 보세요.

추론력 꽉 잡아

없을 무 + 능할 능
무능

없을 무 + 이름 명
무명

없을 무 + 허물 죄
무죄

있을 유 + 이름 명 + 없을 무 + 실제 실
유명무실

 어휘력 꽉 잡아

없을 무(無)가 숨어 있는 단어를 알아봅시다.

무능
없을 무 + 능할 능

뜻
능함이 없음
어떤 일을 못함

표현1 이모는 자신이 무능해서라며 눈물을 흘렸다.

표현2 운동에는 무능하지만 한자어에는 유능하다.

무명
없을 무 + 이름 명

뜻
이름이 없음
사람들에게 알려져 있지 않음

표현1 아기는 아직 이름을 짓지 않아 무명이다.

표현2 무명의 의병들이 전쟁에서 나라를 구했다.

 의병은 백성들이 자발적으로 조직한 군대입니다.

무죄
없을 무 + 허물 죄

뜻
허물이 없음
죄가 없음

표현1 그녀의 무죄가 결국 확인되었다.

표현2 그는 무죄를 증명하고 풀려났다.

유명무실
있을 유 + 이름 명 + 없을 무 + 실제 실

뜻
이름은 있지만 실속은 없다.
유명하지만 실속은 없음

표현1 아무도 지키지 않아 규칙이 유명무실하다.

표현2 법이 점점 유명무실해지고 있다.

 없을 무(無)를 넣어 한 문장 글쓰기를 해 보세요.

무능 어떤 일을 못함

무능한 경비가

무명 사람들에게 알려져 있지 않음

무명 가수들이

무죄 죄가 없음

무죄를 주장했지만

유명무실 유명하지만 실속은 없음

유명무실한 규칙은

 **창의력 꽉 잡아** 없을 무(無)가 들어간 단어를 2개 이상 사용하여 문장을 써 보세요.

예시

그는 **무죄**를 주장하기에 너무 **무능**했다.

 **탐구력 꽉 잡아**

1. 단어에 '무'가 들어간 경우를 책이나 주변에서 찾아 빈칸에 써 보세요.
2. 없을 무(無)가 사용된 단어에는 ○, 아니면 X를 표시해 보세요.

무력
(힘이 없음)

무술
(싸움에 관한 기술)

무기
(싸움에 사용하는 기구)

무선
(선이 없음)

 '싸움'과 관련된 뜻을 가진 단어를 골라내 보세요.

130

不

뜻 **아닐** 소리 **불/부**

추론력 꽉 잡아

한자의 뜻과 그림을 보고 단어의 뜻을 짐작해 보세요.

아닐 불 + 옳을 가
불가

아닐 불 + 깨끗할 결
불결

꼬질

아닐 불 + 찰 만
불만

투덜   투덜

아닐 불 + 늙을 로 + 길 장 + 살 생
불로장생

내 나이 258675세...

아닐 불/부(不)가 숨어 있는 단어를 알아봅시다.

불가
아닐 불 + 옳을 가

뜻

옳지 않음
가능하지 않음

표현1 이 프로그램은 어린이 시청 불가이다.

표현2 어린이들은 밤 10시 이후 피시방 출입 불가이다.

불결
아닐 불 + 깨끗할 결

뜻

깨끗하지 않음
지저분하고 더러움

표현1 화장실이 너무 불결해서 사용할 수가 없다.

표현2 손톱 밑에 때가 끼어 불결해 보였다.

불만
아닐 불 + 찰 만

뜻

가득 차지 않음
마음에 들지 않음

표현1 내 점수가 매우 불만스럽다.

표현2 불만을 엄마에게 말했다.

불로장생
아닐 불 + 늙을 로 + 길 장 + 살 생

뜻

늙지 않고 오래 삶

표현1 진시황제는 불로장생을 꿈꿨다.

표현2 불로장생은 누구나 원하지만 불가능하다.

진시황제는 중국 진나라의 첫 번째 황제를 뜻합니다.

아닐 불/부㈜를 넣어 한 문장 글쓰기를 해 보세요.

불가 _{옳지 않음}

주차 불가 지역에

불결 _{지저분하고 더러움}

손을 씻지 않고

불만 _{마음에 들지 않음}

친구는

불로장생 _{늙지 않고 오래 삶}

산속에 신선이

아닐 불/부(不)가 들어간 단어를 2개 이상 사용하여 문장을 써 보세요.

예시

접시가 불결하다고 불만을 표현했다.

---

1. 단어에 '불/부'가 들어간 경우를 책이나 주변에서 찾아 빈칸에 써 보세요.
2. 아닐 불/부(不)가 사용된 단어에는○, 아니면 X를 표시해 보세요.

불량
(행실이 나쁨)

불경
(불교의 가르침을
적은 책)

불치병
(고치지 못하는 병)

불교
(부처님 말씀을
따르는 종교)

 '부처님'과 관련된 단어를 골라내 보세요.

5주 차 복습

콩나물쌤의 강의를 먼저 듣고 공부를 시작하면 이해가 쏙쏙!

QR 코드를 스캔하면 강의 영상을 볼 수 있어요.

1. 왼쪽 어휘를 보고 그 뜻으로 알맞은 것을 골라 선으로 연결하세요.

일기 •   • 날마다 겪은 일과 생각에 대한 기록

세계 •   • 죄가 있음

유죄 •   • 세상 모든 나라

유명무실 •   • 이름은 있지만 실속은 없다.

불가 •   • 옳지 않음, 가능하지 않음

2. 다음 뜻을 가진 어휘를 써 보세요.

오늘 다음에 오는 날	세상에서 일어나는 수많은 일	어떤 일을 잘함	사람들에게 알려져 있지 않음	마음에 들지 않음
⬇	⬇	⬇	⬇	⬇

3. 보기에서 알맞은 한자어를 골라 각 뜻을 나타내는 어휘를 만들어 보세요.

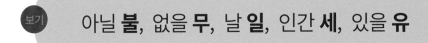

보기   아닐 **불**, 없을 **무**, 날 **일**, 인간 **세**, 있을 **유**

1) 아침에 해가 뜸 ➡ [   ] + 날 **출**

2) 사회적으로 크게 성공하다. ➡ 날 **출** + [   ]

3) 입은 있으나 말이 없다. ➡ [   ] + 입 **구** + 없을 **무** + 말씀 **언**

4) 어떤 일을 못함 ➡ [   ] + 능할 **능**

5) 지저분하고 더러움 ➡ [   ] + 깨끗할 **결**

4. 다음 어휘를 이용해 한 문장 글쓰기를 해 보세요.

차일피일

➡ _____

세상

➡ _____

유명

➡ _____

무죄

➡ _____

불로장생

➡ _____

青

뜻 소리
푸를 청

추론력 꽉 잡아

한자의 뜻과 그림을 보고 단어의 뜻을 짐작해 보세요.

푸를 청 + 해 년
청년

고마워요, 청년

푸를 청 + 산 산
청산

어서와~

푸를 청 + 봄 춘
청춘

청춘이잖아!

???

으악

푸를 청 + 산 산 + 흐를 유 + 물 수
청산유수

• 푸를 청(靑)은 푸른색을 표현하기도 하고 자연이 깨끗함을 뜻하기도 합니다.

 어휘력 꽉 잡아

푸를 청(靑)이 숨어 있는 단어를 알아봅시다.

청년
푸를 청 + 해 년

 뜻

푸른 나이
젊은 남자

표현1 청년이여, 꿈을 가져라.

표현2 청년 여럿이 힘을 합쳐 도로를 정리
했다.

청산
푸를 청 + 산 산

 뜻

푸른 산
나무가 무성한 산

표현1 청산에 살고 싶다.

표현2 물 좋고 공기 좋은 청산

청춘
푸를 청 + 봄 춘

뜻

푸른 봄
젊은 시절

표현1 그녀는 청춘을 받쳐 열심히 일했다.

표현2 청춘은 인생에서 가장 아름다운 시
기이다.

청산유수
푸를 청 + 산 산 + 흐를 유 + 물 수

뜻

푸른 산에 흐르는 물
말을 거침없이 잘함

표현1 내 친구는 발표를 할 때 청산유수다.

표현2 너는 어떻게 떨지도 않고 말이 청산
유수니?

 푸른 산의 물은 쉬지 않고 흘러가겠지요?

 푸를 청(靑)을 넣어 한 문장 글쓰기를 해 보세요.

청년 ^{젊은 남자}

한 청년이

청산 ^{나무가 무성한 산}

청산에 살려고

청춘 ^{젊은 시절}

할아버지도

청산유수 ^{말을 거침없이 잘함}

청산유수처럼

 **창의력 꽉 잡아** 푸를 청(靑)이 들어간 단어를 2개 이상 사용하여 문장을 써 보세요.

예시

한 청년이 청산유수로 설명하고 있었다.

 **탐구력 꽉 잡아**

1. 단어에 '청'이 들어간 경우를 책이나 주변에서 찾아 빈칸에 써 보세요.
2. 푸를 청(靑)이 사용된 단어에는 ○, 아니면 X를 표시해 보세요.

청소년
(청년과 소년)

신청
(원하는 바를 알리고
요구함)

청과
(푸른 채소와 과일)

요청
(요구하고 부탁함)

 '부탁' 혹은 '요구'와 관련된 단어를 골라내 보세요.

뜻 소리
붉을 적

추론력 꽉 잡아

한자의 뜻과 그림을 보고 단어의 뜻을 짐작해 보세요.

붉을 적 + 빛 색
적색

붉을 적 + 믿을 신 + 이름 호
적신호

멈춰!

붉을 적 + 피 혈 + 공 구
적혈구

가까울 근 + 붉을 주 + 놈 자 + 붉을 적
근주자적

붉을 적(赤)이 숨어 있는 단어를 알아봅시다.

적색

붉을 적 + 빛 색

뜻

붉은색

표현1 적색 물감이 터져 피처럼 보였다.

표현2 적색 신호가 켜지자 차들이 멈췄다.

적신호

붉을 적 + 믿을 신 + 이름 호

뜻

붉은색 신호
위험을 알리는 신호

표현1 적신호가 켜졌지만 차량 한 대가 그냥 지나갔다.

표현2 건강에 적신호가 켜졌다.

적혈구

붉을 적 + 피 혈 + 공 구

뜻

핏속 붉은색 원반 모양의 세포

표현1 피는 적혈구로 인해 붉게 보입니다.

표현2 적혈구는 산소를 운반합니다.

근주자적

가까울 근 + 붉을 주 + 놈 자 + 붉을 적

뜻

붉은 것을 가까이하면 붉어진다.
사람은 주위 환경에 따라 변한다.

표현1 근주자적이라고 좋은 친구를 사귀도록 노력해야 해.

표현2 친구를 사귈 때 근주자적을 명심해야 한다.

먹을 가까이하는 사람은 검어진다는 '근묵자 흑'도 있어요.

붉을 적(赤)을 넣어 한 문장 글쓰기를 해 보세요.

적색 붉은 색

적색은 ....

적신호 위험을 알리는 신호

적신호는 ....

적혈구 핏속 붉은색 원반 모양의 세포

피 안에는 ....

근주자적 사람은 주위 환경에 따라 변한다.

근주자적이라고 ....

붉을 적(赤)이 들어간 단어를 2개 이상 사용하여 문장을 써 보세요.

예시

피가 적색으로 보이는 것은 적혈구 때문이야.

 1. 단어에 '적'이 들어간 경우를 책이나 주변에서 찾아 빈칸에 써 보세요.
2. 붉을 적(赤)이 사용된 단어에는 ○, 아니면 X를 표시해 보세요.

적자
(붉은색으로 쓴 글자)

목적
(실현하고자 하는 일)

적도
(지도에 붉은색으로 표시한 길)

적중
(목표한 과녁에 정확히 맞음)

 번 돈보다 쓴 돈이 많으면 붉은색으로 쓰고 '적자'라고 합니다.
'과녁'과 관련된 단어를 골라내 보세요.

 黃

뜻 소리
누를 황

 추론력 꽉 잡아

한자의 뜻과 그림을 보고 단어의 뜻을 짐작해 보세요.

누를 황 + 흙 토
황토

누를 황 + 모래 사
황사

누를 황 + 복숭아 도
황도

누를 황 + 쇠 금 + 일만 만 + 능할 능 + 주될 주 + 뜻 의
황금만능주의

 **어휘력 꽉 잡아** 누를 황(黃)이 숨어 있는 단어를 알아봅시다.

황토
누를 황 + 흙 토

뜻

누런 흙

표현1 황토로 지은 집은 건강에 좋다.

표현2 풀이 모두 시들고 황토가 드러났다.

황사
누를 황 + 모래 사

뜻

누런 모래
중국에서 불어오는 모래 바람

표현1 황사가 심해 하늘이 노랗다.

표현2 황사가 심하면 목 건강에 조심해야
한다.

 황사는 몸에 나쁘지만 황토에는 영양분이 많아 농사짓기에 좋습니다.

황도
누를 황 + 복숭아 도

뜻

누런색 복숭아

표현1 나는 과일 중에서 황도를 가장 좋아
한다.

표현2 아빠는 술안주로 황도를 주문했다.

황금만능주의
누를 황 + 쇠 금 + 일만 만 + 능할 능 + 주될 주 + 뜻 의

뜻

돈이면 무엇이든
할 수 있다는 주장

표현1 황금만능의 가치관에 빠진 사람은
모든 일을 돈으로 해결하려고 한다.

표현2 범죄자들은 황금만능주의에 빠져 있
는 경우가 많다.

누를 황(黃)을 넣어 한 문장 글쓰기를 해 보세요.

황토 누런 흙

할머니는 황토 침대에서

황사 중국에서 불어오는 누런 모래 바람

황사 때문에

황도 누런색 복숭아

통조림에 든 황도는

황금만능주의 돈이면 무엇이든 할 수 있다는 주장

그들은

창의력
꽉 잡아

누를 황(黃)이 들어간 단어를 2개 이상 사용하여 문장을 써 보세요.

예시

황토는 몸에 좋지만 황사는 몸에 나쁘다.

탐구력
꽉 잡아

1. 단어에 '황'이 들어간 경우를 책이나 주변에서 찾아 빈칸에 써
   보세요.
2. 누를 황(黃)이 사용된 단어에는 ○, 아니면 X를 표시해 보세요.

황색
(누런색)

근황
(요즘 상황)

상황
(일이 되어가는 모습)

황인종
(피부가 누런 인종)

'일이 되어 가는 과정'과 관련된 단어를 골라내 보세요.

150

白

뜻 소리
흰 백

추론력 꽉 잡아

한자의 뜻과 그림을 보고 단어의 뜻을 짐작해 보세요.

흰 백 + 기 기
백기

항복!!!

흰 백 + 사람 인
백인

흰 백 + 터럭 발
백발

밝을 명 + 밝을 명 + 흰 백 + 흰 백
명명백백

내 방에 들어왔지!!!
헉

백기
흰 백 + 기 기

뜻

흰색 깃발
항복하다.

표현1 청기 들지 말고 백기 들어.

표현2 적군은 결국 백기를 들고 말았다.

백인
흰 백 + 사람 인

뜻

피부가 흰 인종

표현1 백인은 태어날 때부터 피부가 아주
하얗다.

표현2 내 친구 유준이는 엄마가 백인이다.

 한국인은 황인종으로, 피부가 희다고 해도 백인이
라고 하지 않아요

백발
흰 백 + 터럭 발

뜻

흰 털
하얗게 센 머리카락

표현1 할아버지는 검은 머리 하나 없는 백
발이 되셨다.

표현2 갑자기 백발의 노인이 나타나 지혜
를 주었다.

명명백백
밝을 명 + 밝을 명 + 흰 백 + 흰 백

뜻

밝고 밝고 희고 희다.
아주 분명하다.

표현1 모든 일이 명명백백하게 밝혀졌다.

표현2 그에게 잘못이 있다는 명명백백한
증거가 있다.

 **글쓰기 꽉 잡아** 흰 백(白)을 넣어 한 문장 글쓰기를 해 보세요.

백기 흰색 깃발, 항복하다.

백기를 들면

백인 피부가 흰 인종

이모는 백인과

백발 하얗게 센 머리카락

할머니는 백발이

명명백백 아주 분명하다.

명명백백한 증거가

창의력 꽉 잡아

흰 백(白)이 들어간 단어를 2개 이상 사용하여 문장을 써 보세요.

예시

명명백백한 증거가 나오자 범인은 백기를 들었다.

탐구력 꽉 잡아

1. 단어에 '백'이 들어간 경우를 책이나 주변에서 찾아 빈칸에 써 보세요.
2. 흰 백(白)이 사용된 단어에는 ◯, 아니면 X를 표시해 보세요.

백미
(흰쌀)

백모
(큰어머니)

백혈병
(흰색 혈구가
많아지는 병)

백부
(큰아버지)

 '맏이', '첫째'와 관련된 단어를 골라내 보세요.

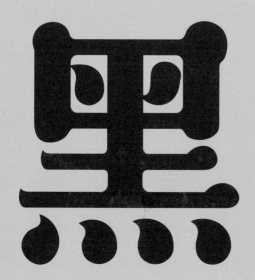

黑

^뜻 검을 ^{소리} 흑

 추론력 꽉 잡아

한자의 뜻과 그림을 보고 단어의 뜻을 짐작해 보세요.

검을 흑 + 흰 백
흑백

검을 흑 + 사람 인
흑인

검을 흑 + 죽을 사 + 병 병
흑사병

검을 흑 + 흰 백 + 논할 논 + 다스릴 리
흑백논리

 **어휘력 꽉 잡아** 검을 흑(黑)이 숨어 있는 단어를 알아봅시다.

흑백
검을 흑 + 흰 백

뜻
검은색과 흰색
잘잘못

표현1 옛날에는 TV 화면이 흑백이었다.

표현2 누가 잘하고 잘못했는지 흑백을 가리자.

흑인
검을 흑 + 사람 인

뜻
피부가 검은 인종

표현1 흑인 선수들의 점프력은 깜짝 놀랄 정도였다.

표현2 우리 반에 흑인 친구가 전학을 왔다.

흑사병
검을 흑 + 죽을 사 + 병 병

뜻
죽은 후 시체가 검게 변하는 전염병

표현1 14세기 무렵 유럽에서는 흑사병으로 수많은 사람이 죽었다.

표현2 흑사병은 쥐에 기생하는 벼룩이 사람에게 전파되는 전염병이다.

흑백논리
검을 흑 + 흰 백 + 논할 논 + 다스릴 리

뜻
흰색 아니면 검은색처럼
무조건 두 가지 중 하나라고 믿는 생각

표현1 친구 아니면 적이라고 생각하는 것은 흑백논리야.

표현2 흑백논리를 벗어나 조금씩 양보할 수도 있어.

 **글쓰기 꽉 잡아** 검을 흑(黑)을 넣어 한 문장 글쓰기를 해 보세요.

흑백 검은색과 흰색, 잘잘못

아버지는 할머니의 [   ]

흑인 피부가 검은 인종

아프리카에는 [   ]

흑사병 죽은 후 시체가 검게 변하는 전염병

오늘 책에서 [   ]

흑백논리 흰색 아니면 검은색처럼 무조건 두 가지 중 하나라고 믿는 생각

흑백논리로 말하면 [   ]

 모든 것을 흑백논리로 말하면 어떤 일이 벌어질까요?

창의력 꽉 잡아 검을 흑(黑)이 들어간 단어를 2개 이상 사용하여 문장을 써 보세요.

예시

백인과 흑인 중 누가 더 뛰어나냐고 묻는 것은 흑백논리야.

탐구력 꽉 잡아

1. 단어에 '흑'이 들어간 경우를 책이나 주변에서 찾아 빈칸에 써 보세요.
2. 검을 흑(黑)이 사용된 단어에는 ○, 아니면 X를 표시해 보세요.

흑미
(검은 쌀)

흙탕물
(흙이 풀려 몹시
흐려진 물)

흙침대
(흙으로 만든 침대)

흑발
(검은 빛깔의 머리털)

'땅에 있는 흙'과 관련된 단어를 골라내 보세요.

158

6주 차 복습

콩나물쌤의 강의를 먼저 듣고 공부를 시작하면 이해가 쏙쏙!

QR 코드를 스캔하면 강의 영상을 볼 수 있어요.

1. 왼쪽 어휘를 보고 그 뜻으로 알맞은 것을 골라 선으로 연결하세요.

청년   ●   ● 아주 분명하다.

적신호   ●   ● 붉은색 신호

황도   ●   ● 누런색 복숭아

명명백백   ●   ● 검은색과 흰색

흑백   ●   ● 젊은 남자

2. 다음 뜻을 가진 어휘를 써 보세요.

젊은 시절	붉은 것을 가까이하면 붉어진다	누런 흙	피부가 흰 인종	죽은 후 시체가 검게 변하는 전염병
⬇	⬇	⬇	⬇	⬇

3. 보기에서 알맞은 한자어를 골라 각 뜻을 나타내는 어휘를 만들어 보세요.

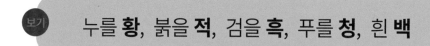

보기   누를 **황**, 붉을 **적**, 검을 **흑**, 푸를 **청**, 흰 **백**

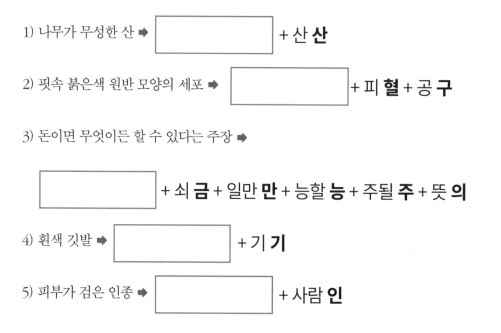

1) 나무가 무성한 산 ➡ [　　　　] + 산 **산**

2) 핏속 붉은색 원반 모양의 세포 ➡ [　　　　] + 피 **혈** + 공 **구**

3) 돈이면 무엇이든 할 수 있다는 주장 ➡

[　　　　] + 쇠 **금** + 일만 **만** + 능할 **능** + 주될 **주** + 뜻 **의**

4) 흰색 깃발 ➡ [　　　　] + 기 **기**

5) 피부가 검은 인종 ➡ [　　　　] + 사람 **인**

4. 다음 어휘를 이용해 한 문장 글쓰기를 해 보세요.

청산유수

➡ _____

적색

➡ _____

황사

➡ _____

백발

➡ _____

흑백논리

➡ _____

정답

1주 차 복습

1. 왼쪽 어휘를 보고 그 뜻으로 알맞은 것을 골라 선으로 연결하세요.

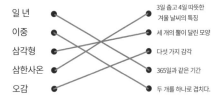

일 년 — 365일과 같은 기간
이중 — 두 개를 하나로 겹치다.
삼각형 — 세 개의 뿔이 달린 모양
삼한사온 — 3일 춥고 4일 따뜻한 겨울 날씨의 특징
오감 — 다섯 가지 감각

2. 다음 뜻을 가진 어휘를 써 보세요.

1) 통일
2) 일석이조
3) 삼촌
4) 사방
5) 오곡

3. 보기에서 알맞은 한자어를 골라 각 뜻을 나타내는 어휘를 만들어 보세요.

1) 무리 등
2) 나눌 분
3) 마음 심
4) 빛 색
5) 맛 미

4. 다음 어휘를 이용해 한 문장 글쓰기를 해 보세요.

(예시)
1) 일심동체가 되어 노력하자.
2) 이월은 정말 추워.
3) 삼국은 서로 전쟁을 이어 갔다.
4) 우리나라는 사계절이 있어 많은 옷이 필요하다.
5) 삼삼오오 모여 떠들고 놀았다.

2주 차 복습

1. 왼쪽 어휘를 보고 그 뜻으로 알맞은 것을 골라 선으로 연결하세요.

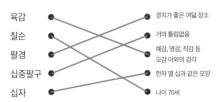

육감 — 예감, 영감, 직감 등 오감 이외의 감각
칠순 — 나이 70세
팔경 — 경치가 좋은 여덟 장소
십중팔구 — 거의 틀림없음
십자 — 한자 열 십과 같은 모양

2. 다음 뜻을 가진 어휘를 써 보세요.

1) 오뉴월
2) 칠전팔기
3) 팔방
4) 구미호
5) 수십

3. 보기에서 알맞은 한자어를 골라 각 뜻을 나타내는 어휘를 만들어 보세요.

1) 모양 형
2) 일곱 칠
3) 방향 방, 방향 방
4) 아홉 구, 아홉 구
5) 열 십

4. 다음 어휘를 이용해 한 문장 글쓰기를 해 보세요.

(예시)
1) 뉴스는 늘 육하원칙으로 말한다.
2) 칠월이 되면 많이 더워진다.
3) 팔도의 명물을 구경하러 다녔다.
4) 사고가 났지만 구사일생으로 살아났다.
5) 십년지기 친구가 아파 걱정이다.

3주 차 복습

1. 왼쪽 어휘를 보고 그 뜻으로 알맞은 것을 골라 선으로 연결하세요.

백성   아주, 전혀
천만   태어난 해와 달과 날
만일   직장인이 달마다 받는 봉급
생년월일   일반 국민
월급   혹시라도, 만약에

2. 다음 뜻을 가진 어휘를 써 보세요.

1) 백화점
2) 천차만별
3) 만국
4) 연초
5) 매달

3. 보기에서 알맞은 한자어를 골라 각 뜻을 나타내는 어휘를 만들어 보세요.

1) 일백 백
2) 일천 천
3) 일만 만
4) 해 년
5) 달 월

4. 다음 어휘를 이용해 한 문장 글쓰기를 해 보세요.

(예시)
1) 그는 백전백승의 노장이다.
2) 천금을 얻어도 건강을 잃으면 소용없다.
3) 만능 열쇠만 모든 것을 열 수 있다.
4) 금년에는 운동을 많이 했다.
5) 형은 몇 년째 허송세월 중이다.

4주 차 복습

1. 왼쪽 어휘를 보고 그 뜻으로 알맞은 것을 골라 선으로 연결하세요.

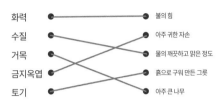

화력   불의 힘
수질   아주 귀한 자손
거목   물의 깨끗하고 맑은 정도
금지옥엽   흙으로 구워 만든 그릇
토기   아주 큰 나무

2. 다음 뜻을 가진 어휘를 써 보세요.

1) 화재
2) 산전수전
3) 목수
4) 입금
5) 국토

3. 보기에서 알맞은 한자어를 골라 각 뜻을 나타내는 어휘를 만들어 보세요.

1) 불 화
2) 물 수
3) 나무 목
4) 쇠 금
5) 흙 토

4. 다음 어휘를 이용해 한 문장 글쓰기를 해 보세요.

(예시)
1) 그들은 풍전등화의 처지에 놓였다.
2) 수중에서는 말을 할 수 없다.
3) 동생은 목마 타기를 좋아한다.
4) 금속은 차갑고 무겁다.
5) 신토불이라는 말이 있듯이 우리 농산물이 최고다.

5주 차 복습

1. 왼쪽 어휘를 보고 그 뜻으로 알맞은 것을 골라 선으로 연결하세요.

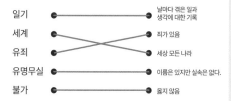

일기 ●———————● 날마다 겪은 일과 생각에 대한 기록
세계 ●———————● 죄가 있음
유죄 ●———————● 세상 모든 나라
유명무실 ●———————● 이름은 있지만 실속은 없다.
불가 ●———————● 옳지 않음

2. 다음 뜻을 가진 어휘를 써 보세요.

1) 내일
2) 세상만사
3) 유능
4) 무명
5) 불만

3. 보기에서 알맞은 한자어를 골라 각 뜻을 나타내는 어휘를 만들어 보세요.

1) 날 일
2) 인간 세
3) 있을 유
4) 없을 무
5) 아닐 불

4. 다음 어휘를 이용해 한 문장 글쓰기를 해 보세요.

(예시)
1) 그는 차일피일 약속을 미루었다.
2) 세상에는 참 많은 음식이 있다.
3) 그는 유명하지만 불행하다.
4) 무죄라는 사실을 믿어 주지 않았다.
5) 불로장생은 이루어질 수 없는 꿈이다.

6주 차 복습

1. 왼쪽 어휘를 보고 그 뜻으로 알맞은 것을 골라 선으로 연결하세요.

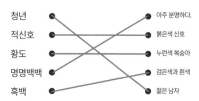

청년 ●———————● 아주 분명하다.
적신호 ●———————● 붉은색 신호
황도 ●———————● 누런색 복숭아
명명백백 ●———————● 검은색과 흰색
흑백 ●———————● 젊은 남자

2. 다음 뜻을 가진 어휘를 써 보세요.

1) 청춘
2) 근주자적
3) 황토
4) 백인
5) 흑사병

3. 보기에서 알맞은 한자어를 골라 각 뜻을 나타내는 어휘를 만들어 보세요.

1) 푸를 청
2) 붉을 적
3) 누를 황
4) 흰 백
5) 검을 흑

4. 다음 어휘를 이용해 한 문장 글쓰기를 해 보세요.

(예시)
1) 나는 청산유수처럼 설명했다.
2) 적색은 왠지 불안하다.
3) 봄에는 황사를 주의해야 한다.
4) 할머니는 백발이 싫어 염색을 했다.
5) 단 하나만 옳다는 생각은 흑백논리야.